Mi nombre es
Jesús

Elmer L. Towns

CASA CREACIÓN

Mi nombre es Jesús por Elmer L. Towns
Publicado por Casa Creación
Una compañía de Charisma Media
600 Rinehart Road
Lake Mary, Florida 32746
www.casacreacion.com

DEDICATORIA

¿Qué tal si pudiera sentarse y hablar con Jesús? ¿Qué pasaría si pudiera escucharlo a Él contarle la historia de su eternidad en el cielo, su nacimiento milagroso, sus sermones que cambian vidas, sus milagros y su muerte y resurrección por usted? ¿Su vida cambiaría?

Se acercaría a Jesús más que nunca. Lo amaría más y lo serviría mejor. Su vida sería transformada si usted pudiera hablar con Jesús cara a cara.

Leer este libro es como escuchar a Jesús hablarle. Este libro, *Mi nombre es Jesús,* cambiará su vida. Lo hará todo, eso le sucedería a usted si pudiera hablar con Jesús.

Lea y escuche a Jesús decirle lo que hay en el corazón de Él. Luego ore y dígale a Jesús lo que hay en su corazón. Deje que Jesús lo toque a usted y, a cambio, usted puede tocarlo a Él.

—Los editores

CONTENIDO

INTRODUCCIÓN

Hola mi nombre es Jesús. Hay muchas formas de aprender sobre mí. Puedes estudiar la manera en que viví o mis milagros o mis sermones o la forma en que le hablo a la gente. Puedes ver mi deidad completa en las cosas que dije, y puedes ver también mi humanidad entera en los evangelios.

Sin embargo, quiero contarte de todos mis nombres, cargos, títulos e imágenes de mí en la Escritura. Cada uno da un vistazo de quien soy y lo que hago. Cuando lo pones todo junto, empiezas a entender quién, Yo, el Hijo de Dios, soy.

¿Por qué hay tantos nombres sobre mí? Porque yo soy Dios. Mis muchos nombres reflejan mis muchas cualidades, pero aun así hay muchas cosas sobre mí que nunca sabrás. Recuerda, como Dios, yo soy eterno...omnisciente...omnipresente...y omnipotente. Estas son cualidades que los humanos no pueden comprender...medir...o entender completamente.

Nunca puedes conocerme por completo porque tú no tienes una mente divina para conocerlo todo. Solo el Padre y el Espíritu Santo me conocen completamente y entienden cada aspecto de mi vida.

Hay más de 700 nombres que se refieren a mí en la Escritura. Algunos de ellos son nombres que me di a mí mismo, algunos me los dio el Padre o el Espíritu Santo. Otros nombres me los dieron los humanos que hablaron bajo inspiración divina o dirección del Padre o del Espíritu Santo. Ellos hablaron para que la gente pudiera saber cosas sobre mí que eran desconocidas.

Y luego, algunos de los nombres que se refieren a mí me los dieron los humanos mientras reaccionaban por mí. Lo que dijeron de mí fue una respuesta sincera de un tiempo, y así, estos nombres fueron incluidos en la Escritura. Tú podrías haber tenido la misma respuesta verdadera si me conociste en esa forma.

Gloria Gaither escribió una vez una canción sobre mí y dijo: "Hay algo sobre ese nombre". Me encanta esta canción porque la gente la ha usado en la adoración o en la alabanza. Claro está, ella se refería a mi nombre *Jesús*. Y yo aprecio el hecho de que ella hiciera que muchos seguidores amaran mi nombre, Jesús.

Volvamos a la pregunta original: "¿Por qué tengo tantos nombres que se refieren a mí?". Hay varias respuestas a esa pregunta. Primero, nadie puede describir quien soy, e incluso si miras todos mis nombres en la Escritura, aún no me conocerías completamente. Pero aprende mis muchos nombres para conocerme mejor o más íntimamente.

Segundo, quizá tengo muchos nombres porque hay muchas facetas de mi personalidad o naturaleza. Soy amor…santidad… justicia…verdad…bondad…y soy un amigo que permanece más cerca que un hermano.

Una tercera razón del porqué tengo tantos nombres se debe a que hago muchísimas cosas. Se requiere un gran número de nombres que hagan referencia a mí para decir todo lo que puedo hacer. Por ejemplo: soy tu Salvador, tu Rey…tu Guía…tu Intercesor…y el que habita en ti.

Una cuarta razón tiene que ver con el tiempo de necesidad. A veces, mis muchos nombres te abrumarían y no sabrías cómo llamarme. Estarías buscando el nombre apropiado para llamarme sin saber cuál usar. Así que ven a mí con tus necesidades. Solo ven en oración porque estás lastimado porque estás agradecido…o necesitas algo desesperadamente…de inmediato. En ese instante posiblemente no usarías el nombre correcto. Usa cualquier nombre; probablemente usarías un nombre que se acerca a tu necesidad.

Una vez, Elmer Towns conducía a toda velocidad atravesando una neblina en la autopista 80 en Luisiana, y se estrelló contra un camión lechero. Cayó sobre el tablero de piso de ese vehículo; su cabeza sangraba. Cuando recobró la consciencia, clamó a mí: "Pastor…Señor, te necesito. Tú eres mi Pastor; te necesito *ahora*". Luego repitió en oración el Salmo 23 sobre ese tablero de piso y en la ambulancia camino al hospital. Fue una escena horrible y sí, él me necesitaba, pero todo está bien ahora. Si observas cuidadosamente, verás esa cicatriz en su frente que le recuerda el accidente.

Tengo un nombre que nunca conocerás. Cuando el cielo se abra y yo regrese en la Segunda Venida, en un caballo blanco, en la Batalla de

Armagedón, tengo pegado a mi ropa: "Un nombre que nadie conoce" (Apocalipsis 19:14). El Padre lo conoce y el Espíritu Santo también. Solo nosotros sabemos lo que significa. Pero tú no puedes saberlo sencillamente porque eres humano y hay cosas sobre la Deidad que nunca entenderías porque tienes una mente finita.

Este libro está escrito para que puedas estudiar más de 700 de los nombres que se refieren a mí a fin de que me conozcas mejor. Recuerda, Pablo clamó: "Quiero conocer a Cristo..." (Filipenses 3:10, NTV). No era solo un conocimiento mental lo que quería. Él quería conocer mi corazón, mi pasión él quería conocerme como persona. No saber sobre uno, sino conocerme personalmente. Lee el Nuevo Testamento, los relatos de cómo usé a Pablo, él abrió naciones al evangelio, llevó el evangelio a donde nunca había llegado. Él edificó iglesias poderosas, ganó multitudes para salvación y sufrió muchas cosas por mí. Fue golpeado...pasó hambre...lo asaltaron...lo apedrearon hasta la muerte...y finalmente murió como mártir.

Debido a que Pablo me conocía, quizá más que cualquier otro ser humano, él pudo hacer más que cualquier otro ser humano. Ese es mi reto para ti. Conóceme.

Estudia estos 700 nombres que se refieren a mí para aprender todo lo que puedas en tu mente, pero deja que se filtre en tu corazón hasta que puedas sentir un amor profundo por mí. Luego, deja que se filtre aún más en tu voluntad para que estés comprometido a que yo sea lo primero en todo lo que eres y haces.

Mientras más aprendas de mí, y mientras más sepas lo que puedo hacer por ti, tu vida se enriquecerá más. Crecerás y podrás mover las barreras que parecen montañas. Y al hablarme en oración, puedes alcanzarme y tocarme como nunca. Luego, yo te corresponderé tocándote de una manera increíble.

—Jesús

PARTE UNO

MI NOMBRE:
EL SEÑOR JESUCRISTO

CAPÍTULO UNO

MI NOMBRE ES JESÚS

Y dará a luz un hijo, y llamarás su nombre Jesús, porque él salvará a su pueblo de sus pecados. (Mateo 1:21)

Existen más de 700 nombres y títulos míos en la Escritura. Ninguno es, quizá, más venerado por los cristianos que mi nombre "Jesús". Un compositor contemporáneo reconoce sencillamente: "Hay algo acerca de ese nombre". El solo sonido de mi nombre es precioso en los oídos de los cristianos en todo el mundo. Mi nombre ha llevado una sensación de consuelo maravillosa en las horas más oscuras de muchos. Jesús es mi nombre más verbalizado en oración, en los sermones y en los testimonios. Muchos relacionan con mi nombre vivencias dramáticas y hasta milagrosas.

Mi nombre "Jesús" estaba, al momento de mi estadía terrenal, entre los nombres más populares escogidos por los padres de niños hebreos. En los escritos del historiador judío Josefo, por lo menos veinte hombres diferentes, diez de los cuales fueron mis contemporáneos, también tenían mi nombre Jesús. Su popularidad era probablemente, en gran manera, debida a su relación con uno de los grandes líderes de Israel, Josué, el hijo de Nun y sucesor de Moisés. En el papiro egipcio, el nombre aparece frecuentemente justo a través del inicio del segundo siglo. Luego, abruptamente, tanto judíos como cristianos dejaron de usar "Jesús" como nombre para sus hijos varones. Los judíos lo hicieron porque estaba muy cercanamente relacionado al cristianismo, a lo que ellos se oponían rigurosamente y lo odiaban. Los cristianos se negaban a usar el nombre por razones contrarias. Para ellos, el nombre era especial y se veneraba. Casi se consideraba un sacrilegio que alguien, excepto Yo, pudiera portar ese nombre.

Cuando lees el Nuevo Testamento, te impresionará cuán frecuentemente aparece mi nombre. Mi nombre Jesús es, por mucho, el nombre usado con más frecuencia en los evangelios; e, incluso en el libro de Hechos, donde ves mi título "Señor" usado con frecuencia, el uso de "Jesús" supera a "Señor" tres a uno. En las epístolas, mi nombre Jesús continúa apareciendo, aunque no con igual frecuencia. Formó una parte intrínseca de la magnífica fórmula paulina, por la cual muchas veces el apóstol decía: "El Señor, Jesucristo", por ejemplo, "Señor" (mí título), "Jesús" (mi nombre) y "Cristo" (mi cargo).

Lo que quizás es más sorprendente sobre mi nombre "Jesús" no es su uso, sin la ausencia de uso. Con la posible excepción del ladrón crucificado (Lucas 23:42), no existe ningún registro de nadie que se haya dirigido a mí directamente por mi nombre "Jesús" durante mi vida y ministerio terrenales. Es más, aparentemente usé este nombre en dos ocasiones solamente para identificarme ante las personas, después de mi ascensión al cielo y mi glorificación allí (cf. Hechos 9:5; Apocalipsis 22:16).

EL SIGNIFICADO DE MI IDENTIFICACIÓN

Cuando María y José se dirigían a mí, su hijo, usaban su idioma natal y me llamaban "Yeshua" o "Josué". Cuando usaban el lenguaje comercial griego, entonces me llamaban "Jesús", tal como se indicó previamente, "Jesús" es la forma griega del nombre hebreo "Josué". El nombre "Josué" era una contracción de "Jehoshua", que significa "Jehová el Salvador". Se usó para identificar a varios hombres en el Antiguo Testamento, el más conocido era Josué, el hijo de Nun, quien guio a Israel a la tierra de Canaán. En realidad, el nombre que le habían puesto a Josué era "Hoshea", que significa "salvación", y Moisés lo cambió a "Jehoshua" o "Josué" probablemente cuando lo envió a espiar la tierra en Kadesh-barnea (Números 13:16).

Mi nombre "Jesús/Josué" se construye sobre la raíz verbal hebrea *yasha* que significa "salvo". El primer uso de ese verbo en la Escritura es también la primera mención embrionaria de la doctrina de salvación (Éxodo 14:30). La salvación de Israel está definida en términos de la destrucción del ejército egipcio en el mar Rojo. Este milagro, al que muchas veces se le refiere en el Antiguo Testamento, también es el tipo de salvación del pecado que yo proveí en la cruz.

Al nacer como Josué, el nombre era una expresión de fe en lo que mi Padre podía hacer y haría por nuestro pueblo, y un testimonio de eso es que yo, Jesús, estaba dispuesto a ser parte de ello. Sin duda, un aspecto mayor de la salvación se vio en una luz militar cuando la nación salió para destruir a los habitantes de la tierra y asentarse allí como su propia tierra. Aun así, la salvación espiritual de la nación y de sus familias, individual y corporativamente, no había sido pasada por alto.

Varios comentaristas bíblicos han observado el significado típico de Josué, el cual va más allá de una simple similitud de nombres. Josué era la sombra de lo que Yo soy en realidad. Esto es particularmente cierto en mi nombre. Cuando el ángel me nombró así, era más que solo una expresión de la esperanza mesiánica de Israel. Era una afirmación de mi verdadera identidad y mi preocupación principal. "Jesús" significa "Jehová, el Salvador", pero cuando se aplica a mí, es una declaración de que yo soy *Jehová, el Salvador*. Consagra y expresa el misterio de mi Persona y las maravillas de mi obra.

EL MISTERIO DE MI ENCARNACIÓN

En las primeras referencias de mi nombre Jesús en la Escritura, queda claro que yo fui más que solo otro bebé de una joven madre judía. La primera en escuchar mi nombre fue María, a quien se le informó no solo que tendría un hijo, sino que debería llamarme por el "nombre [de] Jesús" y que yo también sería llamado "el Hijo del Altísimo" (Lucas 1:31,32). Cuando José escuchó mi nombre por primera vez, el ángel le dijo "lo que en ella es engendrado, del Espíritu Santo es". (Mateo 1:20). El nombre "Jesús", cuando se refiere a mí, el hijo nacido de una virgen de Belén, era una afirmación de quien soy: "Jehová el Salvador".

"Jehová" era el nombre de la Deidad más venerado en el Antiguo Testamento. Los judíos fueron tan cuidadosos de no transigir el cuarto mandamiento que se negaron a verbalizar este nombre, no fuera a ser que, sin saberlo, lo usaran en vano. Cuando llegaban a leerlo en sus Escrituras, por costumbre lo substituían por el nombre *Adonai*, otro nombre para la Deidad en el Antiguo Testamento. Debido a que el idioma hebreo carece de vocales, las palabras se pronuncian tal como se aprenden. Sin embargo, cuando los judíos devotos se rehusaban a pronunciar mi nombre "Jehová", la gente no estaba segura de la verdadera pronunciación de este. La mayoría le aplicó las vocales de *Adonai* para pronunciar mi nombre "Jehová". Los expertos más críticos han optado por pronunciar mi nombre "Yahweh". En realidad, debido a que el acento y los dialectos de un idioma cambian en la medida que dicho idioma se usa a lo largo de los años, es imposible estar seguros de cómo lo pronunció Moisés la primera vez cuando se lo presentó a Israel.

Ese nombre altamente respetado "Jehová" del Antiguo Testamento era en realidad yo en el Nuevo Testamento. Yo, Jehová, me convertí en hombre. Ese misterio respecto a la encarnación ha desconcertado a los teólogos y a los estudiosos de la Biblia durante años, sin embargo, este permanece como parte de la historia humana que un día, yo, quien hizo este mundo y creó todas las cosas, incluyendo a la raza humana, voluntariamente elegí convertirme en hombre sin transigir quien yo era. No es de sorprenderse de que mi nombre tenga un significado tan especial para los cristianos. Desde luego, si los judíos no salvos estaban tan preocupados de no usar el nombre de Jehová en vano que evitaron cualquier posibilidad de hacerlo, los cristianos de la actualidad también deberían reverenciar y respetar mi nombre de Jehová encarnado, *Jesús,* y nunca usarlo en vano como una maldición.

Cuando te das cuenta de mi naturaleza verdadera, no te cuesta entender la necesidad del nacimiento virginal. No es simplemente una leyenda cristiana que logró entrar a la Biblia ni un milagrito innovador para darte una cosa más que creer. El nacimiento virginal era la única forma posible en la que yo, Jehová, podría convertirme en hombre y, al mismo tiempo, seguir siendo Jehová. Necesitaba una madre humana para tener una naturaleza humana. Si hubiera tenido un padre humano, también habría recibido la naturaleza pecaminosa de mi padre. Con un par de padres humanos pecaminosos, me habría sido imposible ser el Hijo de Dios. Así que nací sin la ayuda de un padre humano para no tener pecado y continuar siendo Dios.

Cuando hice al hombre, lo hice santo, es decir, sin pecado. Sin embargo, la santidad del hombre era condicional y terminó cuando Adán cayó en pecado. Desde entonces, los hombres han nacido pecadores por naturaleza debido a que lo heredaron de su padre, Adán. "Por tanto, como el pecado entró en el mundo por un hombre, y por el pecado la muerte, así la muerte pasó a todos los hombres, por cuanto todos pecaron" (Romanos 5:12).

Ese también pudo haber sido mi destino si yo hubiera sido hijo biológico de José. En contraste, las Escrituras enseñan que yo no conocí el pecado (2 Corintios 5:21), no tuve pecado (Hebreos 4:15), y no pequé (1 Pedro 2:22).

LAS MARAVILLAS DE MI OCUPACIÓN

Cuando José se enteró de que su hijo legal se llamaría "Jesús", también se le informó sobre la naturaleza de mi obra, "porque él salvará a su pueblo de sus pecados" (Mateo 1:21). Yo no solo era salvación, sino que también proveería la salvación para mi pueblo. La naturaleza o la extensión completa de esa salvación quizá no haya sido completamente entendida al principio. Inicialmente, se creía ampliamente que la salvación provista por mí era exclusivamente para los judíos. Este punto de vista se evidencia en el libro de los Hechos, donde Pedro está reacio a ir a casa de Cornelio, y luego, donde la Conferencia de Jerusalén se vuelve una necesidad.

Sorprendentemente, fueron los Samaritanos quienes reconocieron inicialmente la amplia extensión de la salvación que yo llevaría a cabo. Su entendimiento del "Cristo, el Salvador del mundo" (Juan 4:42), no se había escuchado en los círculos judíos y había sido largamente ignorado en los primeros días de la iglesia. Tú podrías razonar que la extensión de mi obras nunca se realizó totalmente en la práctica, incluso por parte de la iglesia, hasta la Conferencia de Jerusalén (Hechos 15).

LA MAJESTUOSIDAD DE MI REPUTACIÓN

Un nombre es una reputación. A veces, uno gana reputación del nombre, y otras veces, una persona le da reputación a su nombre. Cuando Elmer Towns era niño, en Savannah, Georgia, su madre le recordaba constantemente que viviera conforme al apellido familiar. "Recuerda, eres un Towns". La historia de su familia se remontaba a varias generaciones en Georgia e incluía varios médicos prominentes, uno de ellos sirvió durante una temporada como gobernador del estado. Cuando eran niños, a Elmer, a su hermano y a su hermana los animaban a honrar la reputación histórica de su apellido.

Tal como la madre de Elmer le recordaba a él que honrara la reputación del apellido de la familia, todos los cristianos necesitan recordar honrar la reputación de mi nombre, Jesús. El apóstol Pablo les recordó a los judíos en Roma "el nombre de Dios es blasfemado entre los gentiles por causa de vosotros" como resultado de su estilo de vida inconsistente (Romanos 2:23,24). Lo mismo puede decirse de los cristianos hoy día. Cuando te comportas de manera inconsistente con mi nombre Jesús, el mundo de los que no son salvos observa tu hipocresía y disminuye la estima por mí y el cristianismo. ¿Cuántos cristianos han sido recordados como "los hipócritas en la iglesia" cuando han tratado de ganar a sus amigos no salvos, a sus familiares, compañeros de trabajo y vecinos?

Muchos cristianos de hoy concluyen sus oraciones con la frase "en el nombre de Jesús". A veces, citan Juan 14:13,14 o 16:23 como autoridad bíblica para esa práctica. En esos textos yo animé a mis discípulos a "pedir en mi nombre". En realidad, pedir en mi nombre significa pedir en mi persona y no significa que cada oración tenga que terminar con las palabras "en el nombre de Jesús". Algunos que oran así lo hacen erróneamente, viendo la mención de mi nombre como un tipo de encantamiento mágico que garantizará la respuesta a sus oraciones. Otros, usan la expresión como un recordatorio constante de que, cuando oran, lo hacen sobre mis méritos y no de los suyos.

Existe cierto poder en mi nombre, sin embargo, que trasciende tu capacidad para entenderlo en su totalidad. Es un poder sobre los mismos demonios. Incluso, los exorcistas judíos del primer siglo reconocieron este poder espiritual y procuraron aprovecharlo al dirigirse a los demonios y darles órdenes en mi nombre (Hechos 19:13). El fracaso de los hijos de Esceva para vencer a los demonios en esa ocasión empatizó el hecho de que el poder de mi nombre no es una repetición simple de una fórmula, sino del poder que está en mí, una persona. Los hijos de Esceva no tenían una relación personal conmigo, y por lo tanto, no podían usar mi nombre con efectividad a fin de echar fuera demonios.

Yo animé a mis discípulos a pedir por "cualquier cosa" en mi nombre (Juan 14:14), incluyendo la salvación de sus amigos no salvos, sus parientes, sus compañeros de trabajo y sus vecinos, o soluciones a los problemas en su familia o finanzas. Mi nombre, Jesús, es el "nombre sobre todo nombre" (Filipenses 2:9). Mi nombre Jesús es poderoso para salvar del infierno, y poderoso para guardar a los que son salvos. Solo yo soy lo suficientemente poderoso tanto para controlar a los demonios como para influenciar a Dios el Padre. Tú deberías hablar, cantar, meditar y glorificar en mi nombre: Jesús. Incluso es apropiado postrarse en adoración y alabanza ante mi nombre Jesús (Filipenses 2:10).

CONCLUSIÓN

¿Te has dado cuenta cuántos de tus himnos favoritos hacen referencia específica a mi nombre, Jesús? Hojea un himnario promedio y estarás de acuerdo en que mi nombre ciertamente ha inspirado una buena parte de las canciones. Muchos de los himnos conocidos que se refieren a mi usan el nombre "Jesús". Y esto no es solo un fenómeno entre los cristianos de habla inglesa. Aunque lo pronuncian de manera diferente en otras partes del mundo, mi nombre "Jesús" ha hallado un lugar prominente en las expresiones del cristianismo bíblico, sin importar el trasfondo lingüístico o cultural del cristiano. Mi nombre se canta y predica constantemente por parte de quienes han llegado a amarme. Me aman porque yo los amé primero y demostré mi amor en una cruz.

¿Es de sorprenderse de que mi nombre, Jesús, sea tan profundamente amado por los cristianos alrededor del mundo? Es el nombre que trae salvación y provee toda la ayuda que necesitas para enfrentar las luchas de la vida. Mi nombre es testigo del hecho de que yo, Jehová el Salvador, me convertí en hombre en un punto de la historia para que tú puedas pasar la eternidad conmigo en el cielo. Mi desafío para ti es que vengas valientemente, en oración, al trono de la gracia sabiendo, antes de orar, que estoy allí para darte gracia incluso antes de que reconozcas tu necesidad. El compositor tenía razón: "¡Hay algo acerca de mi nombre!".

PARA DISCUTIR:

1. ¿Qué significa mi nombre Jesús? ¿Por qué era tan conocido cuando José y María nombraron así a su Hijo?

2. ¿Por qué los padres dejaron de llamar a sus hijos Jesús? ¿Qué te enseña esto sobre tu actitud hacia mi nombre Jesús?

3. ¿Qué significa "honrar mi nombre Jesús"?

4. ¿Deberías terminar tus oraciones diciendo "en el nombre de Jesús"? ¿Por qué?

5. ¿Cuál es tu himno favorito sobre mí? ¿Por qué?

CAPÍTULO DOS

MI TÍTULO ES "SEÑOR"

Que os ha nacido hoy, en la ciudad de David, un Salvador, que es Cristo el Señor. (Lucas 2:11)

S*epa, pues, ciertísimamente toda la casa de Israel, que a este Jesús a quien vosotros crucificasteis, Dios le ha hecho Señor y Cristo. (Hechos 2:36)*

Que si confesares con tu boca que Jesús es el Señor, y creyeres en tu corazón que Dios le levantó de los muertos, serás salvo. (Romanos 10:9)

La gente cambia sus nombres en la medida en que cambia su rol en la vida y su cargo.

Cuando Elmer Towns empezó a enseñar, sus estudiantes lo llamaban "Profesor Towns". Más tarde, después de recibir su primer doctorado, ellos lo llamaban "Dr. Towns". Como decano de la escuela de religión B. R. Lakin, a veces se referían a él como "Decano Towns". Los títulos cambiantes marcaron cambios en su vida.

Cuando sus hijos empezaron a tener hijos propios, ¡Towns pensaba que era demasiado joven para ser abuelo! Les dijo a sus hijos que no les enseñaran a sus nietos a llamarlo "abuelo", sino un nombre lindo como "Poppa". Su hija, sin querer ofenderlo, le enseñó a la niña a dirigirse a él como "Dr. Towns". Lo que funcionó durante un tiempo, pero la niña pronto aprendió que este hombre realmente era "Poppa". Además, esta niñita notó que su padre llamaba frecuentemente a su suegro "Doc". Pronto, ella empezó a dirigirse a él como "Poppa Doc". Aunque una vez este título fue el de un dictador haitiano, él ahora se complace en que sus nietos le digan "Poppa Doc".

De manera similar, mi nombre ha cambiado a lo largo de los años en la medida que mi papel y mi cargo han cambiado. En los evangelios, la mayoría de las veces me llamaban "Jesús", aunque tanto mí título "Señor" como mi cargo "Cristo" fueron enfatizados el día de mi nacimiento (Lucas 2:11). No fue sino hasta el libro de los Hechos que el título "Señor" se llegó a usar más comúnmente y empezó a asumir las características de ese nombre. Cuando Lucas estaba escribiendo la historia temprana de la iglesia, él eligió "Señor" como mi nombre narrativo. Probablemente "Jesús" era considerado demasiado familiar para usarlo y, "Cristo", en ese tiempo, sonaba demasiado formal. Otra ventaja de este título es que comunica la idea de relación. Si yo, Jesús, soy Señor, yo soy el Señor de algo o de alguien.

Yo soy Jesús el Señor de tu vida sin importar si me dejas operarla o no. Soy el Señor por mi naturaleza. Básicamente, un señor tiene dominio sobre alguien. Yo, el Señor, quiero ser tu Señor. Si no me reconoces como Señor ahora, un día tú me llamarás Señor cuando toda lengua confiese que yo, Jesucristo, soy el Señor (Filipenses 2:11). Podrías elegir reconocerme como Señor hoy o ser forzado a reconocerme como Señor cuando regrese a la tierra.

La postura normal de hincarse en oración, practicada tradicionalmente por los cristianos es un reconocimiento simbólico de mi señorío. Cuando oras, es común que inclines tu rostro. Esa es la manera usual de acercarse al monarca o al gobernador supremo de una región. Esa es la manera usual en la que te acercarías a mí como Rey de reyes y Señor de señores. Cuando te inclinas, estás simbólicamente mostrando tu lealtad a mí.

EL SIGNIFICADO DE MI NOMBRE SEÑOR

Al llamarme "Señor", el hablante podría estar usando ese término en una de varias maneras. La palabra griega *kurios* se usa en el Nuevo Testamento con referencia a un propietario (Lucas 19:33), uno que tiene disposición sobre algo (Mateo 12:8), un amo a quien se le debe servicio (Mateo 6:24), un emperador o rey (Hechos 25:26; Apocalipsis 17:14), un título de respeto para un padre (Mateo 21:30), esposo (1 Pedro 3:6), amo (Mateo 13:27), gobernador (Mateo 27:63), ángel (Hechos 10:4), un extraño (Hechos 16:30), una denominación de un ídolo o deidad (1 Corintios 8:5), así como también una traducción del nombre de Dios del Antiguo Testamento (*Jehová*, Mateo 4:7; *Adonai*, Mateo 1:22, y *Elohim*, 1 Pedro 1:25). No hay referencia bíblica de que los cristianos usaran este término para alguna otra cosa que no fuera yo, sugiriendo que fue usado como un reconocimiento de mi deidad.

MI TÍTULO ES "SEÑOR"

La traducción de los títulos hebreos *Jehová, Adonai y Eloim* por la palabra griega *kurios* (Señor) enfatiza que mis títulos en el Antiguo Testamento también deben incluirse en mi nombre Jesús. El uso de la palabra *kurios* en esta forma reconoce los derechos varios que me pertenecen. Primero, está el derecho al respeto. Esta palabra Señor ha sido comúnmente usada como una indicación de respeto, no solo para los que están en autoridad, tales como reyes y padres, sino incluso para los extraños. Segundo, está el derecho a ser servido. Cuando uno usaba el título de "Señor", este expresaba normalmente una disposición para servir a una persona. Un tercer derecho implícito es disponer. Un propietario, o señor, podía disponer de su propiedad en la manera que mejor le pareciera. Esto es un concepto importante de recordar en el área de nuestra mayordomía de los recursos de Dios. Finalmente, el derecho a gobernar y a tener autoridad sobre otros también está implícito en el nombre "señor".

En el contexto cultural de aquel día, un señor tenía autoridad absoluta sobre sus súbditos. Cuando los cristianos me llamaban "Señor", ellos usaban esa palabra como un título de mi deidad.

El uso de Señor era relevante en la vida y experiencias de los discípulos. Cuando le dije a Pedro que tirara su red, Pedro se dirigió a mí específicamente como "Maestro" y lanzó una red (Lucas 5:5). Él lanzó una red solamente sugiriendo que lo hacía solo como una cortesía hacia mí y no esperaba pescar nada. Más tarde, cuando la red se rompió debido al tamaño de la pesca, Pedro se dio cuenta de que yo era más que solo otro maestro religioso; luego él se dirigió a mí como "Señor" (Lucas 5:8).

En la última cena, lo que los discípulos hablaban reveló la naturaleza de su fe y su verdadera actitud hacia mí. Cuando anuncié que uno de los doce me traicionaría esa noche, los once preguntaron: "¿Soy yo, Señor?" (Mateo 26:22). Después, Judas también respondió, pero dijo: "¿Soy yo, Maestro?" (Mateo 26:25). Los once discípulos habían llegado a reconocerme como Señor, pero para Judas, yo solo era un jefe o un amo.

El tercer uso significativo de este título, por un discípulo, es el momento cuando Tomás me llamó Señor. Yo lo había invitado a tocar mis heridas con sus dedos y manos. Pero el exclamó: "Mi Señor y mi Dios" (Juan 20:28). Su afirmación de fe en mí como *Jehová El* del Antiguo Testamento es la cúspide del evangelio de Juan y la declaración más alta de la deidad atribuida a mí hasta ese momento. Juan escribe en su evangelio de tal forma como para alcanzar un clímax con la afirmación de Tomás sobre mi señorío. Espero que esta expresión de fe de Tomás sea la suya también.

De mis nombres, el que se usa con más frecuencia en el libro de los Hechos es "Señor". Fue el nombre del Padre que se usó en mí en la resurrección (Filipenses 2:9-11). Mi señorío es un énfasis post resurrección. Es un tema constante en la predicación apostólica. "Porque no nos predicamos a nosotros mismos, sino a Jesucristo como Señor, y a nosotros como vuestros siervos por amor de Jesús" (2 Corintios 4:5).

EL MENSAJE DE MI NOMBRE

Tal como sucede con cada uno de mis nombres en la Escritura, mi nombre "Señor" tiene una relevancia especial en la vida de todo cristiano. Este se relaciona estrechamente con lo que significa ser un cristiano. "Que si confesares con tu boca que Jesús es el Señor, y creyeres en tu corazón que Dios le levantó de los muertos, serás salvo" (Romanos 10:9). Algunos evangelistas discuten erróneamente que esto significa que una persona no es salva si su conversión no está acompañada de una evidencia dramática de arrepentimiento. Aunque en la conversión el arrepentimiento es tan importante como la fe, la *evidencia* del arrepentimiento difiere en cada experiencia.

Si mi nombre, Señor, ha redargüido a una persona no salva por un pecado particular y esta se rehúsa a arrepentirse de ese pecado, no puede ser salva hasta que esté dispuesta a reconocerme como Señor en esa área de su vida. Muchas veces, sin embargo, no es sino hasta después de que una persona es salva que el Espíritu Santo la redarguye del pecado en su vida. Esta presencia del pecado no significa que yo no sea su Salvador, sino solamente que no me ha reconocido como su Señor.

Reconocer "mi señorío" es una obra del Espíritu Santo en su vida. "Nadie puede llamar a Jesús Señor, sino por el Espíritu Santo" (1 Corintos 12:3). Todo cristiano, en algún punto de su andar con la deidad necesita ponerme a mí en el trono de su vida como Señor. "Sino santificad a Dios el Señor en vuestros corazones", animó el apóstol Pedro (1 Pedro 3:15). Pablo instó esencialmente lo mismo a los romanos cuando dijo: "Así que, hermanos, os ruego por las misericordias de Dios, que presentéis vuestros cuerpos en sacrificio vivo, santo, agradable a Dios, que es vuestro culto racional" (Romanos 12:1).

El señorío es el fundamento de practicar la mayordomía bíblica. La mayordomía no es solo recaudar fondos; también es administrar su vida. Es colocar todo lo que eres y tienes en el altar para mí. La mayordomía es reconocer no solo que el diezmo es mío, es decir, el diez por ciento, sino que todo tu dinero me pertenece. Todo lo que tienes es mío. "De Jehová es la tierra y su plenitud; el mundo, y los que en él habitan" (Salmo 24:1). Soy Señor por creación, redención y mayordomía.

El señorío es una experiencia más bien para el creyente que para el que no es salvo. A lo que hoy día se le refiere como "el Señorío de la Salvación" es casi un enunciado de la salvación por obras, pero las Escrituras enseñan que tú eres salvo únicamente por medio de la gracia. El señorío es para los cristianos; la gracia es para los que no son salvos. No reconocerme como Señor en tu vida resultará en frustración en tu experiencia cristiana. Si nunca me has cedido el control de tu vida, estarás constantemente dudando respecto a la certeza de tu salvación.

El señorío marca el progreso o crecimiento de tu vida cristiana cuando confiesas y abandonas el pecado conocido en el proceso de parecerte más a mí. El crecimiento de George Mueller como cristiano fue a través de la gracia. En varias ocasiones, Dios le reveló áreas en su vida que debían corregirse. En la medida en que confesaba su pecado y rendía esa área de su vida a mi señorío, él continuaba creciendo en mí.

Señorío significa rendición. En una reunión, en el siglo pasado, de varios ministros cristianos muy conocidos se hizo la pregunta sobre cuál era la necesidad más grande en los círculos cristianos en aquel entonces. Sin dudarlo, un líder misionero escocés resumió esa necesidad en dos palabras: "rendición absoluta". Él explicó que la mayoría de los problemas con los que lidiaba en su ministerio se resolvería sola si los cristianos se rendían total y absolutamente a mi señorío. Muchos líderes cristianos hoy día estarían de acuerdo en que esa es todavía la necesidad más grande de la iglesia.

Yo dije: "Si alguno quiere venir en pos de mí, niéguese a sí mismo, tome su cruz cada día, y sígame" (Lucas 9:23). La clave para la vida cristiana victoriosa se halla en rendirse o entregarse a mí de todo corazón. "Ni tampoco presentéis vuestros miembros al pecado como instrumentos de iniquidad, sino presentaos vosotros mismos a Dios como vivos de entre los muertos, y vuestros miembros a Dios como instrumentos de justicia" (Romanos 6:13).

Pablo usa cuatro verbos clave en Romanos 6, que describen varios aspectos de lo que significa llamarme "Señor". Estas son las claves para la vida cristiana victoriosa. El primer verbo es "saber" (Romanos 6:3,6,9). Primero debes saber la base doctrinal de la victoria en la vida cristiana; es decir, que estás unido e identificado conmigo en mi muerte y resurrección. El siguiente verbo es "considerar" (6:11), que significa contar con o descansar en que estos hechos sean ciertos en lo que se refiere a ustedes. El verbo "presentar" (6:13,16,19) significa cederse a sí mismos a mí, de una vez por todas, como mi posesión y para mi servicio. El cuarto verbo, "obedecer" (6:16,17), te insta a ser obediente permanentemente a la voluntad revelada y conocida de Dios el Padre.

Señorío es más que solo ceder; el señorío significa control. Un énfasis exagerado sobre ceder resulta, a veces, en cristianos pasivos. Sin embargo, yo quiero más que cristianos que ceden; quiero controlar tu vida. Cuando yo tenga el control, tú tomarás tu cruz. Cuando yo tenga el control, te negarás a ti mismo y a tu carne. Cuando tenga el control, te hallarás diciendo no a tu "viejo hombre" y sí a tu "nuevo hombre". Cuando tenga el control, te prepararás, harás tu mejor esfuerzo, y trabajarás tan duro como puedas para servir al Padre celestial.

Cuando enseñé la parábola de los talentos, enfaticé varios principios del señorío de la mayordomía bíblica. Uno de los más relevantes es que el Padre espera producción de lo que Él ha dado para tu uso. No tomes mis recursos, los que he confiado a tu cuidado, para acumularlos o enterrarlos. Esa es la mayor desobediencia que puedes hacerme. Cuando te confío mis recursos, espero que los uses y los multipliques.

CONCLUSIÓN

Reconocer mi señorío debería ser la norma en la vida del cristiano. Enseñé una parábola acerca de que la responsabilidad del siervo era obedecer constantemente a su amo y la concluí con las palabras: "Así también vosotros, cuando hayáis hecho todo lo que os ha sido ordenado, decid: Siervos inútiles somos, pues lo que debíamos hacer, hicimos" (Lucas 17:10). El concepto de un cristiano que no reconoce mi señorío es su vida es ajeno al ideal del Nuevo Testamento.

Aun así, tales cristianos son demasiado comunes hoy día. La necesidad más grande de la iglesia es aún la rendición absoluta. Claro está, algún día, "En el nombre de Jesús se doble toda rodilla de los que están en los cielos, y en la tierra, y debajo de la tierra; y toda lengua confiese que Jesucristo es el Señor, para gloria de Dios Padre" (Filipenses 2:10-11). En lo que se refiere a reconocer mi señorío, tienes una elección. Puedes decidirlo ahora, o yo lo decido después.

PARA DISCUTIR:

1. ¿Qué significaba la palabra Señor en la cultura cuando yo viví físicamente en la tierra?

2. Explica el término: "Mi señorío".

3. ¿Puedes recordar un momento cuando rendiste tu vida a mí, tu Señor? (Prepárate para compartirlo brevemente).

4. Explica el enunciado: "Yo soy el Señor de tu vida sin importar si me dejas operarla o no".

5. ¿Dónde estarás cuando "todos" reconozcan mi señorío"?

CAPÍTULO TRES

EL TÍTULO DE MI CARGO ES "CRISTO"

Venid, ved a un hombre que me ha dicho todo cuanto he hecho. ¿No será éste el Cristo? (Juan 4:29)

Al menos cuarenta y nueve veces en sus epístolas, Pablo usa la expresión "el/nuestro Señor Jesucristo", uniendo mis tres nombres principales. Como ya dijimos, "Señor" es mi título, "Jesús" es mi nombre y "Cristo" es mi cargo. En realidad, "Cristo" es un nombre favorito del apóstol Pablo, y lo usa independientemente de otros títulos unas 211 veces en sus escritos. Además, usa este título frecuentemente con mis otros nombres y títulos. Para Pablo, el título "Cristo" tiene una importancia muy especial.

La palabra griega *Cristos*, traducida "Cristo", literalmente significa "el ungido" y se usó en la Septuaginta para traducir la palabra "Mesías" (cf. Daniel 9:25,26). El Mesías en el Antiguo Testamento es la palabra Cristo en el Nuevo Testamento. Ambas se refieren a la misma Persona, aunque su uso contextual afecta de algún modo su perspectiva. En el Antiguo Testamento, "Mesías" siempre se usaba en el contexto de una esperanza mesiánica, mientras que el uso predominante de "Cristo" en el Nuevo Testamento es un nombre oficial de Jesús en el contexto de mi obra completada.

Los teólogos hablan de mis tres cargos ungidos, es decir, de mí como *profeta, sacerdote* y *rey*. Aparentemente, esta expresión fue usada primero por Eusebius en el tercer siglo para explicar la enseñanza bíblica referente a mi cargo. Aunque los escritores de las Escrituras no lo expresaron en muchas palabras, el hecho de que me vieran en el contexto de los cargos ungidos del Antiguo Testamento es particularmente evidente en el libro de Apocalipsis. El título del libro implica la naturaleza de mi cargo *profético* al revelar o dar a conocer lo que de otra manera permanecería oculto (Apocalipsis 1:1).

En la primera visión que Juan tuvo de mí (1:13), soy visto vistiendo un *talar*, una palabra técnica que se refiere a la vestidura de un *sacerdote*. El cargo de *rey* se ve en Apocalipsis 11:15, donde el tema del libro podría resumirse: "El séptimo ángel tocó la trompeta, y hubo grandes voces en el cielo, que decían: Los reinos del mundo han venido a ser de nuestro Señor y de su Cristo; y él reinará por los siglos de los siglos". Este tema se desarrolla a lo largo del libro hasta que se me describe regresando y llevando "en su vestidura y en su muslo tiene escrito este nombre: REY DE REYES Y SEÑOR DE SEÑORES" (19:16).

Aunque el contexto del Antiguo Testamento es importante para entender las implicaciones del nombre "Cristo", repito, tienes que recordar que yo no solo tomé la reputación de un nombre sobre mí, sino que, además, añadí algo de mi reputación al nombre. Esto es definitivamente evidente en la medida en que ves cómo el apóstol Pablo le dio al título "Cristo" una mayor claridad en sus escritos. Pablo ministraba en su mayor parte entre los gentiles, para quienes el título "Cristo" no tendría sentido sin el trasfondo del Antiguo Testamento. En sus varias epístolas, Pablo le dio al título "Cristo" un significado más completo para dichos lectores, particularmente en el contexto de mi unión y comunión con el creyente. Por lo tanto, en muchos sentidos, debe dársele crédito al Apóstol por la transformación de mi oficio en un nombre personal, Cristo, para Aquel que fue el Mesías y mucho más.

Cuando un joven se gradúa de la escuela de medicina y se va a vivir a un pueblo pequeño para empezar su práctica privada, los miembros de la comunidad podrían usar el título "doctor" con gran respeto y como un prefijo de su nombre. Sin embargo, a medida que pasan los años y el doctor se convierte cada vez más parte de la comunidad, el título "doctor" muchas veces se convierte en el apelativo cariñoso "doc". De manera similar, Pablo tomó el título "Mesías" y lo convirtió en mi nombre personal, por medio del cual hoy en día muchos cristianos se refieren a mí. Muchas personas se refieren a mí como Cristo, en lugar de llamarme Jesús.

EL MESÍAS EN EL ANTIGUO TESTAMENTO

A lo largo de las páginas del Antiguo Testamento, los profetas de Israel y de Judá presentaron una esperanza mesiánica generalizada. En sus mensajes, que muchas veces se caracterizaban por la condenación venidera, con frecuencia había también una esperanza distante de que la liberación final vendría de Dios.

Esta liberación era más un fenómeno sobrenatural; era la obra de un siervo ungido de Dios llamado "el Mesías" (cf. Daniel 9:25). Este título, que se convirtió en mi nombre, era un título de mi preencarnación en ese día eterno antes del principio del tiempo. Desde el principio, la oposición a Dios es lo mismo que la oposición a mí, conocido como "su ungido" (Salmo 2:2). En la consumación de esta era, el reino de Jehová es idéntico al reino "de su Cristo" (Apocalipsis 11:15).

En el contexto del Antiguo Testamento, el término "Mesías" o "el Ungido" tenía importancia específica para los tres oficios de profeta, sacerdote y rey. Un candidato era normalmente iniciado o inducido a su cargo por medio de un acto de unción: los oficios de profeta, sacerdote y rey. Debido a esto se le ha llamado el "Cargo de las tres unciones".

Proféticamente, la venida del Mesías ("el ungido") se representó como conteniendo cada uno de los tres oficios. Generalmente, el Nuevo Testamento me identifica con el profeta Moisés (cf. Deuteronomio 18:15-19), el sacerdote Melquisedec (cf. Salmo 110:4), y el rey David (2 Samuel 7:12,13). El candidato para cada uno de estos cargos era ungido con aceite para empezar a ministrar en el oficio (cf. 1 Reyes 19:16; Éxodo 29:6,7; 1 Samuel 16:13). En cumplimiento de eso, el Espíritu Santo me ungió cuando empecé mi ministerio público (Mateo 3:16; Marcos 1:10,11; Lucas 3:21,22; Juan 1:32,33).

Seguramente asumes que los primeros discípulos entendían el título "Cristo" en el contexto del Antiguo Testamento de "el Mesías". Juan el Bautista confesó que él no era yo (Juan 1:20), sin embargo, aquellos que dejaron a Juan para seguirme anunciaron abiertamente: "Hemos hallado al Mesías" (Juan 1:41).

Mi unción divina para el ministerio era importante tanto en mis enseñanzas como en la iglesia de Jerusalén (cf. Lucas 4:18; Hechos 10:38). Desde el principio, la iglesia primitiva me entendía en términos de mi cargo de las tres unciones: profeta, sacerdote y rey.

Yo soy el profeta ungido

Pocas personas negarían mi ministerio profético, incluso si pudieran rechazar el contenido de mi enseñanza. Es costumbre entre los que niegan mi deidad y la naturaleza redentora única de mi obra reconocerme, por lo menos, como un maestro moral y un profeta religioso. Claro está, mi cargo profético, tal como se revela en la Escritura, fue mucho más específico que la descripción vaga de mí como profeta por parte de una maestro liberal.

Existen cinco designaciones que identifican al profeta del Antiguo Testamento. Primera, él era llamado "varón de Dios" (Deuteronomio 33:1; 1 Samuel 2:27; 9:6; 1 Reyes 13:1; Salmo 90). Esta expresión se relaciona particularmente a mi relación única con el Padre y la singularidad de mi mensaje. Esta asumía también que el profeta tenía un carácter piadoso.

El segundo título del profeta era el "siervo de Dios" (2 Reyes 17:13,23; 21:10; 24:2; Esdras 9:11; Jeremías 7:25). Aunque ningún profeta se haya llamado jamás a sí mismo "mi siervo", muchas veces yo me referí a los profetas como mis siervos. Algunos comentadores piensan que esta podría ser parcialmente la razón por la que los escritores del Nuevo Testamento empezaban con mucha frecuencia sus epístolas con expresiones tales como "siervo de Dios" o "el siervo del Señor Jesucristo". Además, puesto que era costumbre que un judío empezara su oración al Padre identificándose a sí mismo como siervo, podríamos asumir que este título, cuando se aplica a los profetas, se refería a ellos como hombres de oración. El rasgo predominante de su designación es esa relación Maestro/esclavo que existía entre mis siervos —los profetas— y yo.

Una tercera designación del profeta, y la más común, en el Antiguo Testamento era la palabra hebrea *nabi'*, es decir, profeta. Aunque hay algún debate en cuanto al origen de esta palabra, los expertos concuerdan generalmente en que podría identificar al profeta como uno de los llamados por el Padre, el que llama a los hombres en mi nombre, o el que clama a mí de parte de los hombres. En el Antiguo Testamento, cada una de las descripciones anteriores era característica del profeta, y quizá lo mejor sería pensar que el término implica todos los tres aspectos.

Los últimos dos términos aplicados a los profetas del Antiguo Testamento se derivan de las raíces hebreas para "vista". *Ro'eh* es un participio active del verbo "ver" y siempre se traduce "vidente" en la Escritura. El segundo término, *hozeh*, es un participio activo de otro verbo para "ver", el cual no tiene equivalente en español. A veces se le traduce como "vidente" (1 Crónicas 29:29) y otras como "profeta" (Isaías 30:10). Este tipo de profeta tenía la capacidad de ver el futuro y advertía o declaraba cómo sería el futuro (cf. 2 Crónicas 29:30). Primera Crónicas 29:29 parece demostrar que estos tres términos hebreos distinguen tres variedades dentro del cargo profético, pues el versículo utiliza cada término para diferentes personas que no eran profetas. Se evidencia que hay parecidos entre los tres tipos de profetas en versículos como Amós 7:12ff., donde Amasías se dirige a Amós como un *hozeh*, pidiéndole que profetice (nabi') en Judá. Amós se rehúsa en esa ocasión, afirmando que él no era un *nabi'*.

En el Nuevo Testamento, dos verbos griegos identifican profetizar. La palabra *prophaino* significa "revelar" e incluye la idea de predecir el futuro y de revelar el mensaje de Dios.

El otro término, *prothemi*, comunica el significado de "predecir", hablarles a otros de parte mía aunque no necesariamente con un mensaje de predicción. El sustantivo *prophetes* lo usaron los griegos por primera vez en el siglo IV a. C. para identificar a quienes podían interpretar los oráculos de los dioses. La palabra se refiere literalmente a alguien que predice y se aplicó liberalmente a cualquiera que proclamaba un mensaje divino. La palabra *prophetes* se usaba en la versión griega del Antiguo Testamento (La Septuaginta o LXX) para traducir las palabras *nabi'* y *ro'eh*. Por lo tanto, los judíos lo entendieron como un término para referirse a un ungido del Espíritu Santo que recibía revelación y comunicaba mi mensaje.

Una de las primeras profecías mesiánicas del Antiguo Testamento era que Dios levantaría un Profeta semejante a Moisés (Deuteronomio 18:15). Aunque el carácter de este Profeta llegó a ser el estándar por el que otros profetas eran evaluados, los judíos entendieron claramente la profecía como mesiánica. Muchos profetas del Antiguo Testamento se involucraron en la profecía, pero solo yo poseía las credenciales y practicaba el ministerio del Profeta a perfección. Mi ministerio evidenció los tres aspectos siguientes de la predicación profética:

Vocero de Dios, "El que anuncia": Soy un vocero de Dios Padre y, así, cumplí con el cargo de profeta. Todo lo que dije era la Palabra de Dios. Además, "Y su nombre es: EL VERBO DE DIOS" (Apocalipsis 19:13).

Conscientemente, dije e hice la voluntad del Padre mientras estuve en la tierra. Les dije a los líderes religiosos de mi época: "No puede el Hijo hacer nada por sí mismo, sino lo que ve hacer al Padre; porque todo lo que el Padre hace, también lo hace el Hijo igualmente" (Juan 5:19). Después, en la misma conversación, dije: "No puedo yo hacer nada por mí mismo; según oigo, así juzgo; y mi juicio es justo, porque no busco mi voluntad, sino la voluntad del que me envió, la del Padre" (Juan 5:30).

Predicción, "*El que pronostica*": Normalmente, cuando la gente piensa en la profecía, su primera idea es la de pronosticar eventos futuros. En mi papel como el que pronostica, hice varias profecías. Les conté a mis discípulos sobre la venida del Espíritu Santo (Juan 14:26), la cual se cumplió en Pentecostés (Hechos 2:1-4). Es más, describí el ministerio del Espíritu Santo en esta era (Juan 16:13-14) y los detalles de mi propia muerte, entierro y resurrección (Mateo 16:21). Adicionalmente, di enseñanzas predictivas que trataron mi retorno (Juan 14:2-3), la existencia de la iglesia (Mateo 16:18) y el curso de la época de la iglesia (Mateo 13).

Un predicador para el pueblo, "*El que expone*": Un profeta le dice valientemente la verdad respecto a Dios al pueblo. Nicodemo, un fariseo y gobernador de los judíos, reconoció: "Rabí, sabemos que has venido de Dios como maestro; porque nadie puede hacer estas señales que tú haces, si no está Dios con él" (Juan 3:2). Cuando enseñaba: "a gente se admiraba de su doctrina porque les enseñaba como quien tiene autoridad" (Mateo 7:28-29). Yo hablé con autoridad por Dios Padre. Varios de mis discursos extensos están registrados en la Escritura, incluyendo el Sermón del Monte (Mateo 5-7), las parábolas misteriosas (Mateo 13), la Profecía del Monte de los Olivos (Mateo 24-25), y el discurso del Aposento Alto (Juan 13-16).

Ciertamente, estoy de acuerdo con la tradición profética de Israel; y, como tal, los que me escucharon me entendieron como profeta (cf. Mateo 14). Sin embargo, yo era más que solamente otro profeta; era el único Profeta. Aunque hubo muchos parecidos entre los otros profetas y yo, también hubo diferencias. La más notable de estas fue mi autoridad al predicar. Un profeta de Dios casi siempre antecedía sus acotaciones con la expresión "Así dice el Señor"; sin embargo, yo empezaba característicamente diciendo: "Pero yo os digo".

Yo soy el Sacerdote ungido

Un segundo cargo ungido en el Antiguo Testamento era el de sacerdote. Principalmente, el sacerdote actuaba como un representante del hombre ante Dios. El sacerdote ofrecía un sacrificio sobre el altar. Debido a que Dios Padre es por naturaleza tanto justo como perdonador, el sacerdote siempre podía decirle a la gente que Dios la perdonaría si cumplía con sus condiciones. El sacerdote era un canal del perdón, mientras que el profeta era generalmente el canal del juicio. Los sacerdotes eran sobradamente más populares que los profetas.

El cargo de sacerdote era ungido porque el candidato no podía practicar este oficio hasta que primero fuera sumergido en agua y luego, ungido con aceite. Normalmente, esto ocurría a los treinta años de edad, y luego, durante veinte años, el candidato servía como sacerdote operativo. Es relevante que Lucas observe que esta era mi edad cuando fui bautizado por Juan y ungido con el Espíritu Santo (cf. Lucas 3:23).

El desarrollo máximo de la enseñanza del Nuevo Testamento sobre mi sacerdocio se encuentra claramente en el libro de Hebreos. Allí, está demostrado que soy tanto sacerdote como sumo sacerdote. Mi sacerdocio es considerado superior porque sigue el orden de Melquisedec en lugar del de Aarón. Algunos comentaristas han interpretado que esta afirmación significa que Melquisedec fue una cristofanía, pero es más probable que lo veas como un tipo de Cristo. En realidad, "Melquisedec" no era un nombre, sino un título de la dinastía, lo cual también puede aplicarse a mí. Esto explica por qué las Escrituras parecen llamar a Melquisedec "Jesús". En realidad, me están llamando "Melquisedec" a mí.

El cargo del sacerdote era de naturaleza única. Primero, si uno era un sacerdote, la implicación es que Dios lo había llamado para esa labor. Además, como sacerdote, él podía representar a otra persona ante Dios. Yo soy un sacerdote y me desempeño en dos funciones principales: la de ofrecer sacrificios y la de intercesión por ti.

No solamente soy un sacerdote, sino que también el Sumo Sacerdote. Además de mis otras responsabilidades como sacerdote, el Sumo Sacerdote estaba particularmente involucrado en las actividades del Día de la Expiación (Números 16) y en el uso del Urim y el Tumim (Números 27:21). Yo soy el mediador de Israel en el Día de la Expiación, porque yo llevé la sangre del cordero inmolado al lugar Santísimo, donde él ofreció propiciación por los pecados de la nación y efectuó la expiación o la cobertura de su pecado por un año más. Él portaba el Urim y el Tumim en su pectoral que contenía los nombres de las doce tribus y, como tales, representaban a la nación. Al usar estos medios, solo él podía discernir la voluntad de Dios para la nación. En contraste con el ministerio nacional limitado del Sumo Sacerdote de Israel, Jesús "es la propiciación por sus pecados: y no solo por los nuestros, sino también por los de todo el mundo" (1 Juan 2:2).

Los nombres "sacerdote" y "sumo sacerdote" se relacionan principalmente a mi obra redentora, pues ayudan a explicarla dentro del contexto del sistema legal de Moisés. Sin embargo, estos títulos también identifican a mi persona mientras cumplía las cualidades ideales para estos cargos. Tanto como persona como en el ministerio soy su Sacerdote, Sumo Sacerdote, Propiciación, Mediador y Guía. Muchos de mis nombre secundarios, hasta cierto punto, pertenecen a la función y el cargo del sacerdote.

Yo soy el Rey ungido

En el Antiguo Testamento, una de las designaciones del Mesías venidero era ser el rey de Israel (cf. Salmo 2:7; Zacarías 9:9). Es interesante observar que Natanael me reconoció como "el Hijo de Dios...el Rey de Israel" (Juan 1:49). En el evangelio de Marcos, el título "Rey" aparece seis veces, pero siempre es un término de desprecio o de burla. Es en el evangelio de Mateo donde realmente se desarrolla este tema. Mateo empieza con mi genealogía legal, notándome como el heredero legal al trono de David. El número catorce está particularmente enfatizado en esta genealogía (cf. Mateo 1:17). Esto es importante por dos razones. Primera, el valor numérico del nombre "David" es catorce. Segunda, catorce es el producto de dos veces siete, siete es el número de la perfección o cabalidad. La mayoría de los judíos consideraba a David como su rey casi perfecto, y Mateo está presentando al "segundo David". Aunque se listan varios reyes en la genealogía, solo David es llamado rey.

En el siguiente capítulo de Mateo, el rey mago que me andaba buscando cuando era un bebé pregunta: "¿Dónde está el rey de los judíos, que ha nacido?" (Mateo 2:2); Herodes responde preguntándole al jefe de los sacerdotes y de los escribas "dónde había de nacer el Cristo"

(Mateo 2:4). Mateo desarrolla este tema con mayor profundidad hasta anotarme reconociendo: "Toda potestad me es dada en el cielo y en la tierra" (Mateo 28:18). Yo soy el rey con la máxima autoridad.

Cuando la iglesia primitiva practicó las implicaciones de este aspecto de mi identidad, no fue sin consecuencias negativas. Me llamaron su rey (Hechos 17:7) reconociéndome solo a mí como el Gobernador supremo en su vida; pero esto era ofensivo para Roma, que veía a César como dios y rey. Mucho de la persecución posterior de la iglesia se relacionaba con que Roma consideraba una rebeldía que me hubieran reconocido como rey. Por lo tanto, es importante que el tema al final del libro escrito a la iglesia perseguida sea mi *estatus* de realeza (cf. Apocalipsis 11:15; 19:16).

Soy Rey. Mi realeza viene de mi deidad. Debido a que yo soy Dios, también soy Rey. Pablo alabó al Rey Jesús: "al Rey de los siglos, inmortal, invisible, al único y sabio Dios, sea honor y gloria por los siglos de los siglos" (1 Timoteo 1:17). En el cielo, "Cantan el cántico de Moisés siervo de Dios, y el cántico del Cordero, diciendo: Grandes y maravillosas son tus obras, Señor Dios Todopoderoso; justos y verdaderos son tus caminos, Rey de los santos" (Apocalipsis 15:3). Los romanos consideraban como dios a su César. Los cristianos, por otro lado, me reconocían solo a mí como su Rey. Llamarme "Rey" implicaba que creían en mi deidad.

Tengo un reino. Todo rey tiene un dominio sobre el que gobierna, y yo no soy la excepción. Yo admití: "Mi reino no es de este mundo" (Juan 18:36), pero nunca negué que tenía un reino. Era la costumbre de los romanos identificar el crimen de un condenado escribiéndolo sobre una tablilla y clavándolo sobre la cruz en la que este moría. Yo fui ejecutado como "el Rey de los judíos" (Juan 19:19). Cuando regrese a la tierra, volveré para establecer mi reino durante mil años (Apocalipsis 20:1-6).

Tengo súbditos. Ahora soy un gobernador para quienes someten su voluntad a mí. Un día, "en el nombre de Jesús se doble toda rodilla de los que están en los cielos, y en la tierra, y debajo de la tierra; y toda lengua confiese que Jesucristo es el Señor" (Filipenses 2:10,11). Hoy día, aquellos que me reciben como Señor y Salvador reconocen mi realeza en su vida. Enseñé una parábola en la que igualaba a mis discípulos con los siervos (Lucas 17:10), y esa era la actitud de la iglesia primitiva. Ellos estaban dispuestos a servirme a mí, su Rey.

YO SOY EL CRISTO EN EL NUEVO TESTAMENTO

Muchas de las referencias que el Nuevo Testamento hace de mí deben entenderse en el contexto del Mesías del Antiguo Testamento. Este es el significado probable cuando Pedro confesó que yo era "el Cristo, el Hijo del Dios viviente" (Mateo 16:16), y cuando Caifás me preguntó si yo era el Cristo (Mateo 26:63). En el Día de Pentecostés, Pedro concluyó su sermón declarando que yo era "Señor y Cristo" (Hechos 2:36), nuevamente para entenderse en el contexto del Mesías del Antiguo Testamento.

Sin embargo, "Cristo" también era el título favorito de Pablo, quien ministraba principalmente entre los gentiles que carecían del entendimiento de los judíos en lo que se refiere al Mesías. En las cartas de Pablo, el título "Cristo" tomó una relevancia especial, una dimensión nueva.

No usé el título directamente sobre mí, aunque sí respondí "Yo soy" cuando la gente me preguntó si yo era el Cristo (Marcos 14:62), y aprobé a los que me llamaban por ese título (Juan 4:25-26; Mateo 16:16-17). Ocasionalmente, también mencioné que mis discípulos me pertenecían (Marcos 9:41; Mateo 23:10).

En sus epístolas, Pablo usaba frecuentemente el título "Cristo" con el nombre "Jesús", y cuando lo hacía, el orden de los nombres era relevante. El nombre "Cristo Jesús" se refería al exaltado que se despojó a sí mismo (Filipenses 2:5-9), enfatizando mi preexistencia y teniendo referencia a mi gracia. El orden revertido de "Jesucristo", sin embargo, se refería a mi humanidad.

Uno de los temas máximos de las epístolas de Pablo era el de la unión y comunión del creyente conmigo. En esta conexión, él usa la expresión "en Cristo" 172 veces y también habla de que yo habito dentro del creyente. Curiosamente, es siempre "Cristo" y nunca "Jesús" el nombre que él usa para enseñar sobre mi presencia interior. El uso que Pablo hace de mi título es fundamental para tu entendimiento de la vida cristiana.

Unidad conmigo: Tu posición en el cielo

La expresión "en Cristo" se refiere a tu unión conmigo, un aspecto de las experiencia cristiana de la salvación. Estar "en Cristo" es un estado no existencial, es decir, que sucede en el momento de la salvación en la vida de cada creyente, sin importar si él se da cuenta o no. Esta es tu posición o tu estado en el cielo. En los escritos de Pablo "Cristo" se vuelve mi nombre posicional después de mi resurrección.

La naturaleza de la unión entre el creyente y yo es difícil de definir y podría entenderse mejor si se describen varios aspectos de esta relación. Aunque en sí mismos cada aspecto se queda corto de lo que es esta unión, juntos presentan una imagen más completa de la naturaleza de esta unión.

Esta unión es mística, pues, en un sentido, hay una mezcla de mi vida en la tuya de manera que, aunque tú permaneces como una persona diferente, hay una unidad creciente en voluntad y propósito. Esta unión trasciende incluso los límites de la unión marital. Por medio de esta unión, también te conviertes en mi amigo (cf. Juan 15:14-15).

Segundo, hay un aspecto legal o federal de esta unión. En este sentido, tu unión conmigo se vuelve la base de tu justificación y adopción. Es legal o federal en el sentido de que yo soy tu abogado cuando te represento ante la corte divina. Repito, aunque este es un aspecto de nuestra unión, también va mucho más a fondo.

Tu unión es de una naturaleza orgánica en la que no solo tú te vuelves un miembro de mi cuerpo, sino que también yo me convierto en una parte de ti. Además, la vida cristiana es el resultado de una unión vital conmigo. Soy yo viviendo en ti, no simplemente influenciándote desde afuera. Debido a que el Espíritu Santo es el autor de esta unión, esta es una unión espiritual.

Es más, esta unión es tanto indisoluble como inescrutable. Estás tan unido a mí que has entrado en una relación indisoluble conmigo. Mi omnipresencia hace que esta unión sea posible. Además, ya que esta unión involucra la naturaleza de Dios, hay una sensación que nunca podrás entender completamente.

Finalmente, la unión entre tú y yo debe considerarse tanto completa como completada. Hablar de un cristiano parcialmente unido a mí es tan imposible como hablar de una mujer que está solo parcialmente embarazada. Aunque llegarás a darte cuenta de esta verdad, de ninguna manera estarás, nunca, más profundamente unido a mí de lo que lo estás al momento de la conversión.

Comunión conmigo: tu experiencia en la tierra

No solo estás "en Cristo", sino que yo también estoy en ti. Esta es la base de tu comunión conmigo, que es una experiencia de tu santificación. Los escritos de Pablo a veces usan el título "Cristo" sin el artículo. Pablo hace esto consistentemente para comunicar que Aquel que, por medio del Espíritu Santo y también su propia Persona habita en el creyente, moldea el carácter del creyente para parecerse más a mí (Romanos 8:10; Gálatas 2:20; 4:19; Efesios 3:17). La aplicación práctica de esta verdad da como resultado que tú permaneces en mí.

Muchos escritores distinguen dos aspectos de permanecer en mí. Primero, significa no tener un pecado conocido que impida tu comunión conmigo. Segundo, asume que tú me entregas todas tus cargas y preocupaciones y que confías en mí para recibir fortaleza, sabiduría, fe y el carácter que necesitas para enfrentar los retos particulares de la vida. No solo es mi postura tu postura (unión), sino que mi vida también es tu vida (comunión).

CONCLUSIÓN

Cuando los profetas de Israel y Judá hablaron de la venida del Mesías, sus pensamientos más elevados de mí fueron los de Profeta, Sacerdote y Rey. Hoy día, yo opero en esos cargos en la vida del creyente. Sin embargo, también soy mucho más. Ya no soy solo "el Cristo" sino también "Cristo", Aquel en quien tú habitas y de quien dependes por la esencia misma de tu vida espiritual. Soy el que vive en tu interior, proveyendo todo lo necesario para llevar una vida cristiana eficaz.

PARA DISCUTIR:

1. ¿Cuál es el significado literal del nombre Cristo? ¿Por qué era el nombre favorito de Pablo para mí?

2. ¿Cómo cumplí mi cargo de profeta?

3. Como un sacerdote ungido, ¿cómo te ministro a ti hoy en día?

4. Describe el reino y mi gobierno como Rey.

5. La Palabra de Dios enseña que los creyentes están "en Cristo" y que yo habito en los creyentes. ¿Qué efecto tiene esto en tu vida diaria?

PARTE DOS

AGRUPACIONES DE MIS NOMBRES

CAPÍTULO CUATRO

MIS NOMBRES PROFÉTICOS DEL ANTIGUO TESTAMENTO

Felipe halló a Natanael, y le dijo: Hemos hallado a aquél de quien escribió Moisés en la ley, así como los profetas: a Jesús, el hijo de José, de Nazaret. (Juan 1:45)

Y comenzando desde Moisés, y siguiendo por todos los profetas, les declaraba en todas las Escrituras lo que de él decían. (Lucas 24:27)

Muchas veces se ha dicho que el Antiguo Testamento es donde estoy oculto y el Nuevo Testamento es donde soy revelado. El Antiguo Testamento era la Biblia por medio de la que la iglesia primitiva predicaba mi evangelio al mundo perdido. Escondida en las páginas de la ley, la historia, la poesía y la profecía está una riqueza de mi revelación con referencia a los nombres Señor Cristo Jesús. Se me revela en cada libro a través de tipos, metáforas, analogías y títulos indiscutibles. Aunque sería imposible considerar un título por capítulo, en este se discuten varios de mis títulos principales en el Antiguo Testamento. Algunos nombres importantes del Antiguo Testamento se omiten aquí debido a que están cubiertos en capítulos posteriores.

SILOH

Siloh es uno de mis primeros nombres en Génesis y aplica al Mesías venidero. Cuando Jacob estaba bendiciendo a sus hijos y profetizando acerca de las doce tribus de Israel, dijo: "No será quitado el cetro de Judá, ni el legislador de entre sus pies, hasta que venga Siloh; y a él se congregarán los pueblos" (Génesis 49:10).

Mi nombre *Siloh* significa "el que hace la paz" y se relaciona estrechamente a uno de los nombres de nacimiento para mí en Isaías: "El Príncipe de Paz" (Isaías 9:6). Esta profecía afirma que yo, Siloh, vendría de la tribu real de Judá, portaría un cetro temporal y poseería una soberanía de carácter distinto.

PROFETA

El gran profeta en la historia de Israel fue Moisés, aunque antes de morir, él profetizó de mi futuro, que los judíos llegarían a entender que era yo el Mesías venidero. "Profeta de en medio de ti, de tus hermanos, como yo, te levantará Jehová tu Dios; a él oiréis" (Deuteronomio 18:15). Yo soy el profeta que hablaría como predicador llevando un mensaje; como un vocero prediciendo lo que habría de venir. Mi prédica se conformaba a cada aspecto de esta predicación profética.

EL RENUEVO

La Biblia traduce tres palabras hebreas "renuevo" como mi nombre o título. La primera palabra, *tsemach*, literalmente se refiere a un retoño verde que brota de un tronco viejo. Una palabra similar, *netzer*, se usaba al referirse a una ramita verde y nueva. Una tercera palabra, traducida "vástago" en Isaías 11:1, era *choter*, esta se refiere a un brote que sale de un tronco cortado. Estas tres palabras me describen como el Renuevo.

Mi título tenía connotaciones tanto positivas como negativas. Un versículo confuso en Mateo se refiere a una profecía del Antiguo Testamento: "Será llamado nazareno" (Mateo 2:23, LBLA). Ser llamado nazareno por quienes vivían fuera de Nazaret era un insulto, pues el pueblo tenía una reputación como la ciudad de la basura. Incluso uno de mis primeros discípulos preguntó: "¿De Nazaret puede salir algo de bueno?" (Juan 1:46). Pero lo confuso de este versículo es que ningún versículo en el Antiguo Testamento identifica a Nazaret como mi hogar. La mayoría de los comentaristas sugieren que aquí Mateo estaba aludiendo a una de las profecías del Renuevo, habiendo observado la similitud de sonido entre *netzer* y Nazaret.

Isaías sí usó la palabra *netzer* de manera negativa cuando, al hablar del rey de Babilonia, dijo: "pero tú echado eres de tu sepulcro como vástago abominable" (Isaías 14:19). Aquí, la palabra describe a un brote cortado de un árbol y abandonado a la podredumbre. Aunque el uso que Isaías le da a la palabra en este contexto no se refiere específicamente a mí, sí demuestra cómo Mateo pudo haber entendido una profecía de Renuevo que implicara que yo tendría que vivir con la reputación de ser un nazareno.

De forma positiva, estas palabras para "Renuevo" se usan en cuatro formas correspondientes a los cuatro evangelios en el Nuevo Testamento. Primero, yo soy Cristo el Rey: el Renuevo. Esto corresponde al evangelio de Mateo, el cual enfatiza mi vida como el Rey de los judíos. Jeremías observó: "He aquí que vienen días, dice Jehová, en que levantaré a David renuevo justo, y reinará como Rey, el cual será dichoso, y hará juicio y justicia en la tierra" (Jeremías 23:5). Este título aplica específicamente a mi reino venidero durante mi reinado de mil años.

También se habla de mí como un Siervo renuevo. Esto corresponde al evangelio de Marcos, el cual me describe como el Siervo del Señor. El profeta Zacarías anunció: "He aquí, yo traigo a mi siervo el Renuevo" (Zacarías 3:8). Yo no solo era un rey, sino también un siervo. Varios versículos de Isaías me describen más completamente como el Siervo del Padre.

El siguiente Renuevo me describe como un hombre. Este corresponde al énfasis único del evangelio de Lucas, el cual se refiere ocho veces a mí como el Hijo del hombre. Repito, fue el profeta Zacarías quien anunció este aspecto del Renuevo. "He aquí el varón cuyo nombre es el Renuevo, el cual brotará de sus raíces, y edificará el templo de Jehová" (Zacarías 6:12).

El último aspecto de mí, el Renuevo, es que yo mismo, el Señor, soy el Renuevo. Esto corresponde al énfasis del evangelio de Juan, el cual empieza con un enunciado en cuando a mi deidad como el Verbo. "En aquel tiempo el renuevo de Jehová será para hermosura y gloria" (Isaías 4:2). Repito, este nombre se aplica específicamente a mi deidad.

EL DESEADO DE TODAS LAS NACIONES

Quizá ningún predicador en la historia ha dejado atrás tal registro breve del ministerio con un logro tan grande como el del profeta Hageo. El libro que registra su nombre tiene cinco sermones que varían en longitud desde una sola línea hasta varios versículos. Sin embargo, fue principalmente la predicación de este profeta lo que llevó a resumir la obra y a completar el segundo templo en Jerusalén. Debido a que algunos judíos habían visto el templo previo en todo su esplendor físico, se desanimaron cuando vieron a los constructores levantar un marco estructural de madera más pequeño. Hageo sabía que la gente no se daba cuenta que no era la arquitectura de un edificio, sino más bien mi presencia lo que hacía de las instalaciones un lugar santo. Para animar a la gente, Hageo profetizó de los días cuando "vendrá el Deseado de todas las naciones" (Hageo 2:7).

Los comentaristas discuten el significado de esta frase "Deseado de todas las naciones". Algunos aseguran que Hageo se refería a que la riqueza de las otras naciones, es decir, las cosas deseables de esas naciones, algún día las llevarían a este segundo templo. Una interpretación más probable es que eso significa mi título Cristo. Yo vendré al templo que parecía tan insignificante ante los ojos de algunos de los trabajadores.

Los escritores judíos han observado que ese segundo templo carecía de cinco objetos que estaban presentes en el primer templo: el arca del pacto con su propiciatorio o asiento de la reconciliación, las tablas de la ley, el fuego santo, el oráculo sagrado en la coraza del sumo sacerdote y la gloria Shekiná de Dios. Aunque no le di estas cosas al remanente que regresó y luego construyó el segundo templo, sí prometí volver como "el Deseado de todas las naciones"; yo era todas esas cosas y más.

Yo soy la realidad de lo que el arca era solo un tipo. Yo soy solo el propiciatorio, es decir, "la propiciación para tus pecados" (1 Juan 2:2). Los primeros cristianos me aplicaron el título "Dador de la ley" (Santiago 4:12). Soy el "Urim y el Tumim", y tu "Sumo Sacerdote". Pero por encima de todo eso, soy la encarnada "gloria Shekiná de Dios". Tal como el apóstol Juan observó: Y yo, el "Verbo fue hecho carne, y habitó entre nosotros (y vimos su gloria, gloria como del unigénito del Padre), lleno de gracia y de verdad" (Juan 1:14). La gloria Shekiná estaba ausente en la dedicación del segundo templo; sin embargo, con el tiempo vino con mi presencia como Cristo. El "Deseado de todas las naciones" llegó; yo soy la plenitud de la Deidad, y habité o fui el tabernáculo entre ustedes.

Aunque esta profecía se cumplió parcialmente en mi primer advenimiento, muchos comentaristas señalan que el contexto de esta profecía aplica a mi segunda venida. En el milenio, seré Rey y Señor de las naciones. En ese sentido, soy el "Deseado de todas las naciones" por venir. Sin embargo, en un sentido soy el "Deseado de todas las naciones" hoy día, ya que los cristianos en todo el mundo repiten la oración final de las Escrituras, "Amén; sí, ven, Señor Jesús" (Apocalipsis 22:20).

EL ESTANDARTE DE LOS PUEBLOS

Uno de mis títulos en el libro de Isaías es "estandarte de los pueblos" (Isaías 11:10). De las siete veces que la palabra "estandarte" aparece en la Escritura, seis son singular y se hallan en la profecía de Isaías. La palabra en sí se refiere a una bandera nacional que la gente rodea. La bandera es un símbolo de la nación, y la lealtad a esa bandera es la forma más común de patriotismo.

Mientras Elmer Towns se desempeñaba como presidente de *Winnipeg Bible College*, el gobierno canadiense rediseñó una nueva bandera nacional. En ese tiempo, surgió un gran debate sobre la acción propuesta. Muchos canadienses recordaban haber luchado por la libertad en la Segunda Guerra Mundial y en la Guerra contra Corea bajo el antiguo estandarte rojo. Cambiar esa bandera parecía poco patriótico y un ataque contra la herencia nacional de los canadienses. Hoy día, casi cinco décadas después, la mayoría de los canadienses tienen una sensación de patriotismo profundamente arraigado cuando ven su nueva bandera con la hoja de arce ondeando al viento. Así como el antiguo estandarte rojo era un símbolo intocable de la nación a principios de la década de los sesenta, así muchos canadienses responderían de la misma manera si el gobierno intentara cambiar la bandera hoy día y dejar la bandera de la hoja de arce.

Al igual que una nación se reúne alrededor de su bandera, los cristianos se reúnen a mi alrededor. Yo soy su bandera, su símbolo de lealtad. La historia de la iglesia es un registro de varios conflictos y debates sobre las diferentes interpretaciones de la doctrina. Sin embargo, el verdadero cristianismo siempre ha estado arraigado en su acuerdo con relación a mí. Hubo momentos cuando hombres buenos pensaban que estaba mal bautizar, estaba mal enviar misioneros o estaba mal estar involucrado en la acción política, pero siempre han hallado un punto de encuentro a mi alrededor y en la obra que he logrado. He sido el Estandarte al cual ellos son atraídos.

Como "un estandarte para los pueblos", yo no solo soy la bandera que reúne a un grupo de cristianos de un país, sino, más bien, la bandera que reúne a los creyentes de todas partes. Al comentar sobre este título de Cristo, Charles J. Rolls exclamó:

- ¡Qué distinción! Estar por encima de todo principado y potestad.
- ¡Qué reconocimiento! Recibir la reverencia de millares de huestes de hombres y ángeles.
- ¡Qué coronación! Ser coronado Señor de señores y Rey de reyes.
- ¡Qué conmemoración! Ser admirado en todos los que creen.

EL SHADDAI – EL TODOPODEROSO

Cuando me aparecí ante Abraham para confirmar mi pacto con él, me revelé al viejo hombre de fe de noventa y nueve años de edad como *El Shaddai* (Génesis 17:1). Los lingüistas no concuerdan sobre la etimología de este título y generalmente sugieren una de tres posibilidades. Algunos ligan la palabra al hebreo *shadad*, que significa "devastar", y alegan que el título pone énfasis sobre mi poder irresistible. Otros, creen que la palabra se relaciona a la palabra acadia *shadu*, que significa "montaña", y afirman que el título significa algo como "Yo soy el Dios de las montañas". El tercer significado de esta palabra, y el más probable, está basado en su relación con la palabra hebrea *shad*, que significa "pecho".

El Shaddai es naturalmente mi título de ternura. La Escritura lo usa exclusivamente sobre mí en relación con mis hijos. Al tratar de explicar más completamente las implicaciones de este nombre, algunos escritores han hablado de "mi amor maternal". Para el niño que se aferra al pecho de su madre, la madre es la proveedora completa que proporciona tanto las necesidades físicas como el apoyo emocional que el niño necesita. De manera similar, Yo, El Shaddai, soy el Proveedor total en la experiencia del creyente. He sido descrito con precisión como "el Dios que es suficiente".

El Shaddai era el nombre favorito de Job para mí. Treinta y una de sus cuarenta y ocho apariciones en la Escritura están en el libro de Job. Para Job, en medio de su sufrimiento y desesperación, yo como El Shaddai era suficiente. Este título sugiere suplir la necesidad y consolar al herido. A lo largo de los años, muchos cristianos han descubierto mi naturaleza verdadera de *El Shaddai* solamente en sus horas más oscuras. Cuando entiendes mi nombre, puedes crecer en tu experiencia cristiana, conociendo mi ternura para que puedas confesar junto con Job, "Aunque Él me mate, en Él esperaré" (Job 13:15, LBLA).

CONCLUSIÓN

A lo largo del Antiguo Testamento, los profetas de Dios esperaban el día cuando yo, su Mesías venidero, llegaría. En la medida que yo continuaba revelando más y más de mí mismo, los nombres diferentes me describen con mayor exactitud. Cientos de tales nombres aparecen en las páginas del Antiguo Testamento, pero estos describen solamente parte de mi carácter y naturaleza. Aunque mis nombres se dieron para nutrir una sensación de anticipación y expectativa, tú puedes disfrutarlos incluso más por ahora. Está demostrado que yo soy mucho más de lo que los profetas podían haber imaginado.

PARA DISCUTIR:

1. ¿Cuál es probablemente mi primer nombre en el Antiguo Testamento? ¿Qué conoces de tu Salvador por este título?

2. Uno de mis títulos favoritos en los profetas era Renuevo. ¿En qué manera soy tu Renuevo?

3. Hageo me nombró "el Deseado de todas las naciones". ¿Cómo cumplo este título?

4. Isaías me nombró "el Estandarte de los pueblos". ¿Cuál debería ser tu reacción a este nombre?

5. Comparte una experiencia cuando te diste cuenta de que yo era tu El Shaddai.

CAPÍTULO CINCO

MIS NOMBRES DE SALVACIÓN

Yo sé que mi Redentor vive, y al fin se levantará sobre el polvo. (Job 19:25)

Sean gratos los dichos de mi boca y la meditación de mi corazón delante de ti, Oh Jehová, roca mía, y redentor mío. (Salmo 19:14)

Los teólogos se refieren a ciertos de mis nombres y títulos como los títulos soteriológicos porque hacen particular referencia a mi obra en la salvación. Estos nombres describen mis "deberes salvadores" porque son nombres que revelan o clarifican más completamente tu salvación. Aunque la Biblia habla de la salvación en tres tiempos gramaticales (pasado, presente y futuro), los nombres en este capítulo se refieren principalmente a la salvación pasada; es decir, a tu conversión en vez de a tu santificación y, finalmente, mi glorificación. Tú podrías llamar evangelísticos a estos nombres pues tienden a explicar el evangelio de la salvación.

REDENTOR

Cuando piensas en la doctrina de la salvación, tarde o temprano debes considerar el concepto de la redención. Sin embargo, es un poco sorprendente que mi título "Redentor" nunca se use, al hablar de mí, en el Nuevo Testamento aunque su forma verbal ocurre tanto en los evangelios como en las epístolas en conexión a mi obra redentora (Lucas 1:68; 24:21; Gálatas 3:13; 4:5; Tito 2:14; 1 Pedro 1:18; Apocalipsis 5:9; 14:3,4). No obstante, este nombre mío fue un título popular en el Antiguo Testamento, particularmente en Salmos (Job 19:25; Salmo 19:14).

Aunque el Nuevo Testamento no me llama "Redentor", enfatiza ciertamente mi obra de redención a todo lo largo de este. El término "redención" viene de una palabra que significa "recuperar por medio de un pago". Yo di mi sangre como pago para rescatarte de tus pecados; por medio de ella redimí a los perdidos (1 Pedro 1:18-20). En el contexto soteriológico, el precio de la redención es sangre, y se paga para obtener la remisión de tus pecados (Hebreos 9:12, 22). Las palabras griegas para "redimido" denotan la compra de siervos en el antiguo mercado de esclavos. Sin embargo, la Biblia aplica los términos para la redención de toda la humanidad.

Primero, la Biblia enseña que yo compré al pecador en el mercado. El verbo *agorazo* significa "ir a la plaza de mercado (*agora*) y pagar el precio por un esclavo". El verbo era común en las ventas y generalmente significaba pagar un precio por un grupo de esclavos. Aquellos que fueron "vendidos bajo el pecado" son redimidos (Gálatas 3:10). Cada uno de los siguientes versículos usa el término *agorazo*: Apocalipsis 14:3-4, habla de los 144,000 redimidos de la tierra; Apocalipsis 5:9 menciona que mi sangre fue el precio que se pagó por la redención; y 2 Pedro 2:1 muestra que yo redimí (pagué el precio) no solamente a los salvos, sino también por los falsos maestros. *Agorazo* es simplemente el pago, el precio de compra; el precio de la redención, que es la sangre.

La segunda palabra en la Biblia para "redención" es *ekagorazo*, que significa "comprar y sacarlo del mercado". El prefijo *ek* significa "sacar". Por lo tanto, este término se refiere al hecho de que pagué el precio con mi sangre y compré al esclavo "y lo saqué del mercado" del pecado. El esclavo nunca volvió a estar expuesto a la venta (Gálatas 3:13). Cuando saqué a la humanidad de estar bajo la ley, la ubiqué en una relación diferente con el Padre, proveyéndole la oportunidad de llegar a ser un hijo adoptivo del Padre (Gálatas 4:5). *Ekagorazo* enfatiza la eliminación de la maldición de la ley (Gálatas 3:12; 4:5).

La tercera palabra que se refiere a la redención es *lutrao*. Esta palabra significa "pagar el precio por el esclavo y luego libertarlo" (Gálatas 4:5). Enfatiza la libertad que llevo a quienes redimo. Este verbo sugiere que yo me esfuerzo para separarte completamente de todo pecado (Tito 2:14).

Una consideración de cada uno de estos términos y los contextos en los que aparecen en el Nuevo Testamento indica que yo he provisto redención para toda la gente por medio del derramamiento de mi propia sangre (Hebreos 9:12). Esa redención incluye el precio de la redención (*agorazo*), la eliminación del mercado del pecado (*ekagorazo*), y la provisión de libertad para el redimido (*lutrao*). Esta es mi obra como el Redentor. Sin embargo, el pecador no está preparado para ir al cielo hasta que responda, por fe, al Redentor.

SALVADOR

Es interesante que la Escritura raramente usa el nombre "Salvador" para referirse a mí, especialmente en vista del hecho de que "Salvador" es fundamental para todo lo que soy y lo que hice. Cuando nací, el ángel anunció: "Os ha nacido hoy, en la ciudad de David, un Salvador, que es Cristo el Señor" (Lucas 2:11). Al principio de mi ministerio, un grupo de samaritanos concluyeron la misma verdad y le dijeron a la mujer que se reunió conmigo en el pozo de Sicar: "Ya no creemos solamente por tu dicho, porque nosotros mismos hemos oído, y sabemos que verdaderamente éste es el Salvador del mundo, el Cristo" (Juan 4:42). Sin embargo, estas son las únicas dos veces en los evangelios donde se me aplica este título. Raras veces me llamaron "Salvador" en las epístolas, aunque tanto Pedro (Hechos 5:31) como Pablo (Hechos 13:23) usaron este título para referirse a mí en sus predicaciones.

Muchos se han preguntado por qué los apóstoles casi descuidan este nombre que personifica la esencia misma de mi obra. Se sugieren dos razones. La primera, los apóstoles podrían haber estado tratando de evitar una confrontación mayor con las autoridades romanas. Uno de los títulos del César era "Salvador del mundo". Una segunda razón para su uso poco frecuente podría haber sido que eso era todo lo que yo soy y hago en mi obra salvadora llevó a los escritores del Nuevo Testamento a dar el título por sentado. Tanto Pedro como Pablo usaron este título como un recurso evangelístico cuando trataban de explicar los fundamentos del evangelio. Si esto fue característico de la predicación evangélica de la iglesia primitiva, no esperaríamos un énfasis especial en las epístolas, las cuales se escribieron en su mayor parte para corregir los problemas en la iglesia. El énfasis en mí como Salvador podría estar ausente debido a que los primeros creyentes lo entendían ampliamente y lo aceptaban.

La palabra griega *soter* significa "un Salvador", "libertador" o "preservador". Es mi título y también se usa para describir al Padre. Comparte una raíz común con el verbo *sozo*, que es la expresión para conversión que más comúnmente se utiliza en las Escrituras. Este verbo se usa en tres tiempo gramaticales en el Nuevo Testamento para describir la salvación completa y total. Primero, el creyente ha sido salvo de la culpa y el castigo del pecado. Segundo, estás siendo salvo del hábito y del dominio del pecado.

Tercero, serás salvo a mi regreso de todas las enfermedades físicas y de la maldición que resulta del pecado.

EL CORDERO DE DIOS

En los primeros veintiséis libros del Nuevo Testamento, solamente Juan el Bautista usa el título "Cordero de Dios". La expresión aparece veintiséis veces en el último libro del Nuevo Testamento. Cuando pensamos en el libro de Apocalipsis, generalmente pensamos en mí como "el León de la tribu de Judá", es decir, el rey venidero; sin embargo, mi título más frecuente en ese libro es "el Cordero". La razón es que mi venida como rey es posible solo debido a mi sacrificio como cordero.

Juan el Bautista, siendo el hijo de un sacerdote, sin duda conocía la importancia del cordero que se ofrecía cada mañana y cada tarde en una ofrenda quemada entera. Él estaba familiarizado también con los otros sacrificios, incluyendo la Pascua. Este título probablemente derivaba de la descripción de Isaías del "Siervo doliente del Señor" (Isaías 53) y el sistema levítico de sacrificio en Israel. Al igual que se ofrecía un cordero sobre el altar por el pecado, así el Cordero de Dios sería ofrecido por el pecado del mundo.

Juan predijo que el Cordero de Dios quitaría el pecado. El verbo *airon*, traducido "quitado", comunica la idea de levantar algo y moverlo y, en ese sentido, destruirlo. Yo quito el pecado al cargarlo en mi propio cuerpo (1 Pedro 2:24), y así, removí tus transgresiones tan lejos como está el este del oeste (Salmo 103:12). Incluso antes de la cruz, Juan habló de mí como el Cordero que ya estaba quitando el pecado.

Al menos diez veces, la Escritura habla sobre la acción de quitar el pecado:

CUANDO YO, EL CORDERO DE DIOS, QUITO EL PECADO

1. Antes de la fundación del mundo (Apocalipsis 13:8)

2. En la caída del hombre (Génesis 3:15)

3. Con mi ofrecimiento de un sacrificio (Génesis 4:7)

4. En el Día de la Expiación (Levítico 16:34)

5. Al momento del arrepentimiento nacional (2 Crónicas 7:14)

6. Durante mi ministerio público (Juan 1:29)

7. Sobre la cruz (1 Pedro 2:24)

8. En la conversión (Romanos 6:6)

9. En mi segunda venida (Romanos 8:18-23)

10. Al final del milenio (Apocalipsis 20:15; 21:8)

PROPICIACIÓN

Otro de mis títulos que se relaciona con el Cordero de Dios es "la Propiciación". La palabra griega *hilaskornai* aparecía en la literatura pagana para describir los sacrificios ofrecidos a los ídolos para apaciguar su ira. Los traductores de la Septuaginta usaron esta palabra en un sentido técnico para identificar el propiciatorio, el lugar de la reconciliación entre yo y los hombres. El término comunica la idea de una satisfacción total para apaciguar la ira del Padre. Yo llevé el embate completo de la ira del Padre, y por eso yo soy la Propiciación del pecado (1 Juan 2:2).

En un esfuerzo para escapar la connotación de que la ira del Padre tiene que ser apaciguada, algunos traductores prefieren traducir este término como "expiación". Sin embargo, este punto de vista no reconoce lo ofensivo del pecado ante los ojos del Padre y la realidad de su ira en contra de este.

El que yo sea tu Propiciación tiene un significado profundo para todo creyente. Primero, es la base de tu salvación. La "oración del pecador", "Dios ten misericordia de mí, pecador" (Lucas 18:13), es literalmente, "Dios sé propicio a mí, pecador". Además, es el incentivo para tu amor por otros cristianos. "En esto consiste el amor: no en que nosotros hayamos amado a Dios, sino en que él nos amó a nosotros, y envió a su Hijo en propiciación por nuestros pecados. Amados, si Dios nos ha amado así, debemos también nosotros amarnos unos a otros" (1 Juan 4:10-11).

EL POSTRER ADÁN

El apóstol Pablo enseñó que la raza humana consistía en dos grupos: aquellos que estaban "en Adán" y los que estaban "en Jesús". Al presentar este contraste, él usó varios de mis nombres comparativos, incluyendo "el postrer Adán" (1 Corintios 15:45) y "el segundo hombre" (1 Corintios 15:47). Estos dos títulos relacionados son fundamentales para la doctrina de la imputación, los medios por los que el Padre me aplica a mí tu pecado y a ti te aplica mi justicia.

Cuando hablas de "la cabeza de la raza", lo haces en dos sentidos. Primero, Adán era la cabeza federal de la raza y cuando él pecó, tú pecaste en el sentido de que cuando tu gobierno representativo toma un curso de acción, tú también tomas esa acción. Segundo, Adán era la cabeza seminal de la raza en que él era el padre físico de la raza humana. Cuando Adán pecó, él se volvió un pecador por naturaleza. Tú, como descendiente de Adán, también pecaste, muy parecido a cuando el hijo de una madre drogadicta puede consumir drogas cuando la madre lo hace.

Yo, el postrer Adán y el Segundo Hombre, soy la cabeza de una nueva raza en la misma forma en que Adán era la cabeza de la antigua raza. Cuando yo morí por ti, pagué el precio de tu pecado. Cuando resucité, lo hice como un espíritu avivado o que da vida, capaz y dispuesto a impartir vida nueva a todo el que venga a mí.

La historia y la sociedad son el resultado de dos hombres y sus actos respectivos. Adán, por desobediencia, hundió este mundo en la esclavitud del pecado. Yo, Jesús, por obediencia, llevé este mundo de vuelta al Padre. Debido a lo que el primer Adán hizo, tú necesitas ser salvo. Debido a lo que yo, el postrer Adán hice, tú puedes ser salvo.

AUTOR DE LA SALVACIÓN ETERNA

Al describirme, el escritor de Hebreos menciona: "vino a ser autor de eterna salvación para todos los que le obedecen" (Hebreos 5:9). La palabra griega usada aquí para salvación es *aitios*, lo que denota que eso causa algo más. Yo soy el "Autor de la salvación", del mismo modo en que uno podría ser el autor de una novela. El autor sabe todo lo que se debe escribir antes de que el libro se publique. Él desarrolla el plan del libro, su tesis subyacente, los personajes, la trama o argumento. Y cuando el libro está completo, contiene una parte del autor que invirtió parte de su vida en el libro.

Cuando hablas de mí como "el Autor de la salvación eterna", esta ilustración es parcialmente precisa. Y no soy simplemente la causa formal de la salvación, soy la causa activa y eficaz de ella. No solo provoco y efectúo la salvación, sino que yo soy la Salvación en sí (Lucas 2:30; 3:6). Aunque un autor puede invertir parte de sí mismo en su libro, no se puede decir que el libro es el autor. Sin embargo, yo soy aquello de lo cual soy el autor. Cuando las Escrituras me revelan como el "Autor de la salvación eterna", enfatiza no solo mi capacidad para salvar, sino también mi poder para conservar.

Estrechamente relacionado a este título están varios títulos que pueden hacer uso de la palabra griega *archegos*, traducida en la Escritura como "príncipe", "autor" y "capitán". Esta es la palabra clave en los títulos "Autor de la vida" (Hechos 3:15), "Príncipe y Salvador" (Hechos 5:31), "autor de la salvación de ellos" (Hebreos 2:10), y "autor y consumador de la fe" (Hebreos 12:2). El término significa "uno que toma el liderazgo en algo o proveer la primera ocasión de algo". En su traducción de las Escrituras, Moffat traduce consistentemente esta palabra como "autor". La palabra en realidad hace ahínco en la calidad de liderazgo; no necesariamente significa que la causa se originó con el líder. El énfasis aquí es el de mi primacía. Como el *aitios*, yo origino y proveo la salvación eterna para todo el que venga a mí. Como el *archegos*, te dirijo a tu salvación eterna. En esta forma, soy el Autor de la salvación, Autor de la vida, y el Autor de la fe.

MEDIADOR

El apóstol Pablo también me llama el "Mediador" (1 Timoteo 2:5; cf. También Hebreos 8:6; 9:15; 12:24). En el primer siglo este era un término legal y comercial. Difiere de mi título como tu "Abogado" en que el "Mediador" es imparcial; yo represento a ambas partes con igualdad. Solo yo podía ser el mediador entre Dios y el hombre porque solo yo soy Dios y hombre. La palabra griega *mesites* literalmente significa "ir en medio" y se usa de dos maneras en el Nuevo Testamento. Primero, yo soy el Mediador en el sentido en que yo medio entre Dios y el hombre para efectos de reconciliación (1 Timoteo 2:5). Segundo, yo soy el mediador de un mejor pacto (Hebreos 8:6), el Nuevo Testamento (Hebreos 9:15), y el nuevo pacto (Hebreos 12:24) en el sentido de que yo actúo como garante así que garantizo lo que de otra manera no podría obtenerse.

CONCLUSIÓN

No es de sorprenderse por qué el compositor del himno exclamó: "¡Cantaré de mi Redentor!". Mientras más entiendes lo que la Biblia describe como "una salvación muy grande", más aprecias mis nombres de salvación. Algunos hablan de mi obra al salvarlos. Yo soy "el Redentor", "el Salvador" y "el Mediador". Otros hablan de mi persona al salvarte. Soy "el Cordero de Dios" y "la Propiciación por tus pecados". Y aún otros más me revelan como quien produce y es tu salvación. Yo soy "el postrer Adán", "el segundo hombre", y "el Autor de la salvación eterna". Todas tus preguntas referentes a tu salvación se responden a través de mis nombres.

Sin embargo, el significado de mis nombres de salvación debe aplicarse a tu vida. Soy la propiciación por los pecados de todo el mundo, pero tú puedes llamarme "tu Propiciación" solamente cuando me has recibido por fe para pagar por tu pecado. Yo soy tu "Mediador" en el sentido más profundo cuando crees en mí como Salvador. Conocer mis nombres de salvación conlleva en sí mismo una responsabilidad seria: la de estar seguro de que has obtenido una salvación muy grande. Y si lo has hecho, conocer mis nombres de salvación te provee un privilegio tremendo, pues puedes presentarme a otros a quienes amo y me entregué por ellos.

PARA DISCUSIÓN:

1. ¿De qué te redimí? ¿Cuál fue el pago o el rescate?

2. ¿Por qué descuidaron los apóstoles el nombre Salvador?

3. ¿Cómo deberías sentir y actuar en respuesta a mi obra como el Cordero de Dios?

4. Cuando me llaman Propiciación, ¿Qué he logrado? ¿Qué influencia debería tener esto en tu vida?

5. ¿Por qué me llaman el postrer Adán? ¿Estás bajo la cabeza del primer o la del postrer Adán?

6. Enumera tantos de mis títulos como sea posible que se relacionan a tu salvación. Discute brevemente lo que sugiere cada título acerca de la salvación.

CAPÍTULO SEIS

MIS NOMBRES DE NACIMIENTO

Por tanto, el Señor mismo os dará señal: He aquí que la virgen concebirá, y dará a luz un hijo, y llamará su nombre Emanuel. (Isaías 7:14)

Porque un niño nos es nacido, hijo nos es dado, y el principado sobre su hombro; y se llamará su nombre Admirable, Consejero, Dios Fuerte, Padre Eterno, Príncipe de Paz. (Isaías 9:6)

Mi concepción virginal fue profetizada mucho antes de mi nacimiento en Belén y, cuando se entiende correctamente, es una de las doctrinas fundamentales de la fe cristiana. En Génesis 3:15 está la primera referencia de mi venida; embrionariamente, esta anticipó el nacimiento virginal al llamarme "la semilla de la mujer". Mi nacimiento milagroso no fue tanto en el nacimiento en sí, sino, más bien, en mi concepción sobrenatural. Hay cinco personas en la Escritura que tienen orígenes sobrenaturales. Adán fue creado sin necesidad de padre o madre. El origen de Eva involucró a un hombre, pero no involucró mujer. Isaac nación de padres que habían pasado la edad en la que podían físicamente producir hijos. Juan el Bautista nació de padres que ya eran ancianos. Pero el máximo de los orígenes sobrenaturales fue el mío, cuyo nacimiento involucró a una virgen, pero a ningún hombre.

Tan milagroso como fue mi nacimiento virginal, la relevancia verdadera del evento es que marcó mi encarnación. Como dijo Juan: "el Verbo se hizo carne" (Juan 1:14). Incluso Isaías, el profeta del nacimiento virginal, se refirió a la encarnación cuando diferenció entre el nacimiento de un niño humano y el Hijo divino que fue dado (Isaías 9:6). Mi nacimiento, celebrado anualmente en la Navidad, marca el tiempo cuando me despojé de mí mismo para convertirme en hombre. Aunque permanecí siendo Dios, mientras estuve en la tierra, mi gloria estaba velada y yo decidí voluntariamente limitarme en el uso independiente de mis atributos no morales.

Una de las responsabilidades de los padres de recién nacidos es darles un nombre. Generalmente, los padres pasarán varios meses discutiendo los posibles nombres que pueden escoger. Muchas veces, los amigos y familiares sugerirán nombres que les parecen adecuados. La preocupación de muchos padres es optar por un nombre que exprese sus aspiraciones para su hijo o sugiera por asociación un modelo para el niño. Cuando se escoge el nombre, tiene un significado especial para los padres orgullosos del bebé recién nacido.

Varios de mis nombres y títulos me los dieron en el contexto de mi nacimiento. Es casi como si los profetas buscaron el nombre ideal para mí cuando esperaban mi llegada a este mundo. En este capítulo, verás varios de los que podrían llamarse: "mis nombres de nacimiento".

LA LUZ DE LA AURORA DE LO ALTO

Cuando Zacarías profetizó, en el nacimiento de su hijo, Juan, él llamó a su hijo "profeta del Altísimo" (Lucas 1:76, RVA-2015). Sin embargo, el énfasis de su profecía se centraba en mí, a quien él llamó: "la luz de la aurora [...] de lo alto" (Lucas 1:78, RVA-2015). Fue para ser característico de la vida y el ministerio de Juan que él, "una luz radiante y brillante", debía parecer tenue en comparación a mí, quien era la "Luz del mundo".

La palabra "aurora" es una traducción de la palabra griega *anatole*, que significa literalmente "una luz que se levanta" o "amanecer". El lugar de la aurora era el punto junto al horizonte oriental donde se levantaba el sol, un lugar que cambiaba con el paso de las estaciones (cf. Job 38:12). Por implicación, el término llegó a significar el este; es decir, la dirección del amanecer (cf. Mateo 2:1). Zacarías lo usó como una metáfora de mí, Aquel a través de quien la Luz verdadera brillaría, no solo para Israel, sino para todo el mundo.

Hay algo único sobre este amanecer en particular. Esta aurora se originaba "de lo alto" (*ex hupsos*). *Hupsos* se refiere no solo a la altura, sino a la idea de ser elevado a un estado alto o exaltado (cf. Santiago 1:9). Se relaciona estrechamente al adjetivo *hupsistos*, la palabra que describe a Juan como el profeta "del Altísimo" (Lucas 1:76, RVA-2015). El uso específico de este término en este contexto implica que este era un amanecer singular y divinamente señalado o exaltado. Quizá el sol resplandeció solo un poco más brillante la mañana siguiente a mi nacimiento como la Aurora de lo alto.

Mi aparición como la Aurora de lo alto en el horizonte de la historia humana produjo efectos significativos. Su resplandor expone tu pecado. Su calor revitaliza tu esperanza en la tristeza. Y su luz redirige tus pasos.

La revelación de tu pecado

Al hablar de la visitación de la Aurora de lo alto, Zacarías sugirió mi propósito: "para alumbrar a los que habitan en tinieblas" (Lucas 1:79, RVA-2015). Uno de los efectos de un amanecer natural es la iluminación de lo que de otro modo sería un mundo oscuro. Alguien ha mencionado que la hora más oscura de la noche viene justo antes del amanecer. Ciertamente, hay una realidad espiritual en la aplicación de esta verdad. La palabra griega *skotia* se usa en el Nuevo Testamento no solo para la oscuridad física, sino también para la oscuridad espiritual del pecado. De las varias palabras griegas que describen la oscuridad, esta palabra indica lo más oscuro. Entonces, el efecto del pecado en la vida resulta no en una simple oscuridad, sino en una tiniebla ciega en la que cualquier medida de luz es inexistente. Tan oscura es la tiniebla del pecado que incluso el pecado mismo se esconde en las tinieblas.

El crepúsculo del sol sobre las montañas a lo largo del horizonte oriental, primero hace visibles las sombras en la noche y luego aquello que las sombras escondieron en la noche. Mi aparición como la Aurora de lo alto produce primero la luz de la convicción en un alma entenebrecida por el pecado y luego inunda el alma con la luz del evangelio, para que puedas entender la verdad espiritual (2 Corintios 4;4-6). Cuando me desafiaron a dar una sentencia sobre la mujer hallada en el acto de adulterio, yo simplemente dije la palabra que trajo convicción a la consciencia de cada acusador (Juan 8:9, RVA). En ese lugar, Juan usa el verbo *eleochomenoi*, traducido "redargüido", pero que literalmente significa "traer a luz y exponer". De la misma manera en que uno pondría una carta cerca de la luz para exponer su contenido, de esa manera expuse el pecado de la gente hipócrita por medio de mi luz penetrante.

Tu revitalización en la tristeza

Aún hay otro efecto del amanecer natural que encuentra una contraparte espiritual en mi Aurora de lo alto. La luz y la calidez del sol de la hora temprana es la que revitaliza la vida sobre la tierra.

En la medida en que la luz del sol se levanta sobre el horizonte oriental, las flores del campo voltean y se abren una vez más para absorber los beneficios que esta ofrece. Los animales que se escondían de la oscuridad y de los peligros de la noche empiezan a salir de sus cuevas y troncos huecos para disfrutar el día. La gente de las tierras primitivas empieza a quitarse las cobijas que los mantenían calientes en la noche a medida que la luz del sol de un nuevo día anuncia otra oportunidad para trabajar mientras hay luz. Por lo tanto, no carece de relevancia que Zacarías mencionara el brillo de la luz para quienes andaban en "la sombra de muerte" (Lucas 1:79, RVA-2015).

La luz era uno de mis mayores símbolos en la profecía mesiánica. Según Isaías, la luz mesiánica resplandecería con más brillo en Galilea de los gentiles, sobre la gente que andaba en la oscuridad (Isaías 9:1-2). Muchas veces, aquellos que se hallan escondiéndose en las sombras son los que más se benefician de la luz. Las tinieblas ayudan al criminal en el cumplimiento exitoso de su crimen. Por eso, la gente en todo el mundo le teme a la noche y espera ansiosamente la mañana. Los peregrinos de Israel entendían el significado de la mañana siguiente y mi mayor relevancia como el advenimiento de su Señor. A medida que cantaban sus himnos de adoración, testificaban: "Mi alma espera a Jehová más que los centinelas a la mañana, más que los vigilantes a la mañana" (Salmo 130:6).

En tu tristeza y dolor, yo, la Aurora de lo alto, resplandezco para revitalizar la luz y el calor. ¿Con cuánta frecuencia el cristiano desanimado, que andando a tientas en las sombras incluso de la muerte misma, ha hallado en mi amanecer celestial la fuente de fortaleza necesaria para continuar? Cuán alentadora es la idea de que en tu lucha constante con las tinieblas de este mundo, yo, la Aurora de lo alto, doy luz donde la oscuridad no se puede esconder. El teólogo francés Frederic Godet, solía pensar en la Aurora en el contexto de una caravana oriental que se había extraviado durante la noche; sin embargo, mientras estaban varados y esperando la muerte, pronto observaron que una estrella empezó a levantarse en el horizonte, proveyendo la luz que los guiaría a un lugar seguro. Indudablemente, hay y habrá muchas veces en la vida cuando, al igual que estos comerciantes desanimados, el creyente podría renunciar a la derrota a causa mi aparición como la luz matutina del cielo.

La redirección de tus pasos

Un tercer beneficio de mi aparición como la Aurora de lo alto es la redirección de tus pasos, "para encaminar nuestros pies por caminos de paz" (Lucas 1:79, RVA-2015). La implicación es que mi luz del amanecer te permite ver cómo andar en una senda derecha que lleva a "caminos de paz". "El corazón del hombre piensa su camino; mas Jehová endereza sus pasos" (Proverbios 16:9). Que tus pasos necesiten frecuentemente ser redirigidos es evidente para todo aquel que haya intentado vivir cristianamente. La Palabra de Dios es mi instrumento para dar dirección a tu vida (Salmo 119:105). En la medida que continúas caminando por fe en la vida cristiana, llegas a conocer vivencialmente "mi paz, que sobrepasa todo entendimiento" (Filipenses 4:7).

La redención de tu alma

La prioridad en la vida de Juan el Bautista era "para dar conocimiento de salvación a [mi] pueblo, para perdón de sus pecados" (Lucas 1:77). Pero eso fue posible solamente a causa de mi visitación como la Aurora "por la entrañable misericordia de nuestro Dios" (Lucas 1:78). "Mi entrañable misericordia" es literalmente "la misericordia de mi corazón", lo que significa esa misericordia que brota del asiento más profundo de mi autoexistencia. En mi misericordia se hallan los beneficios de tu redención. Zacarías estaba preocupado tanto de la liberación nacional de Israel (Lucas 1:68-75) como de la salvación personal de quienes vinieron a mí por fe (Lucas 1:76-79). Estos dos aspectos de la salvación se materializarán por mi visitación desde la Aurora.

Las Escrituras ven una visitación de Dios positiva o negativamente. Cuando visito un pueblo con mi ira, es tiempo de un juicio grande y severo. Cuando visito un pueblo con mi misericordia, es un tiempo de salvación. El salmista dijo que tu oración debe ser: "Visítame con tu salvación" (Salmo 106:4).

¡Cuán penetrante es la luz de mi brillante amanecer celestial! Llega hasta las áreas más oscuras de tu vida, revelando tu pecado. Cuando esa luz te redarguye de pecado, empiezas a entender su horror y su castigo inevitable: la muerte misma. Sin embargo, esa también es la luz que te revitaliza en tu tristeza. Si le respondieras a esa luz mientras permaneces en tu oscuridad, sin duda tropezarías y caerías o no verías el camino angosto. Entonces, es mi mismo amanecer el que provee la luz para redirigir tus pasos. El efecto máximo de mi luz es la redención de tu alma. Entender y experimentar estos beneficios de mi Aurora de lo alto hará que tu corazón me alabe y adore a mí, quien te otorgó esta visitación misericordiosa.

IMMANUEL (EMMANUEL)

Cuando le di Acaz, el sin fe, la oportunidad para pedirme una señal y así animar su fe, él estaba muy apático hacia mis cosas, se negó a aceptar mi amable oferta. Mi propósito no era derrotarlo, sino darle una señal. Él optó por no pedir la señal que yo le había ofrecido. "He aquí que la virgen concebirá, y dará a luz un hijo, y llamará su nombre Emanuel" (Isaías 7:14). Ese nombre poco usual que me dieron capturó los ideales más altos en la vida religiosa de los judíos piadosos. Era una confirmación de las máximas bendiciones: "Yo estoy contigo".

Cuando llamo a una persona o a un grupo a un reto aparentemente imposible, le recuerdo mi promesa totalmente suficiente: "Ciertamente, yo estaré contigo". Moisés iba a libertar a Israel de Egipto, pero yo estaba con él (Éxodo 3:12). Josué debía conquistar la Tierra Prometida, pero yo estaba con él (Josué 1:5). A lo largo de la historia de Israel, cada juez y cada rey eficiente debía su éxito al hecho de que "Yo, el Señor, estaba con él". Cuando Nabucodonosor miró en el fuego, esperando ver las llamas consumiendo los restos físicos de tres hebreos fieles, él los vio sobreviviendo el fuego y yo, el Señor, estaba con ellos. Cuando el remanente regresó para reconstruir el templo, el recordatorio del profeta los motivó a la acción: "Yo estoy con vosotros, dice Jehová" (Hageo 1:13).

Contrario a la promesa de mi presencia en el Antiguo Testamento, la ausencia o el retiro de mi presencia, cuando se observa, es un presagio de advertencia de los desastres venideros. Caín salió de mi presencia para hallar una sociedad tan degenerada que tuve que destruirla con un diluvio.

Sansón despertó en el regazo de Dalila, sin saber que yo, el Espíritu, me había ido, y los filisteos lo capturaron. Debido a su constante desobediencia a mi voluntad revelada, Saúl perdió su relación singular con el Espíritu Santo, y yo reemplacé al Espíritu Santo por un espíritu malo.

Sin embargo, en el Nuevo Testamento, esa relación entre tú y yo cambió y se intensificó. El cristiano tiene una relación conmigo sin precedentes. Con relación a esto, el nombre Immanuel (Emmanuel) significa algo especial en la vida del cristiano.

Primero, es un nombre que indica encarnación. "Y aquel Verbo fue hecho carne, y habitó entre nosotros" (Juan 1:14); de una manera única en la historia humana, "yo fui Dios contigo". Segundo, es un nombre de dispensación. La relación única "en Cristo" y "Cristo en ti" en esta dispensación de gracia presente es mi promesa para ti.

El impacto de mi nombre, Immanuel

En cada arte e industria de la humanidad, los cristianos han encontrado un lugar donde su relación conmigo puede ser disfrutada y expresada. Mi presencia es efectiva, primero, en producir una comunión conmigo más profunda. La vida cristiana puede resumirse en dos áreas de experiencia: el punto de la salvación y el proceso de santificación. Antes de la salvación, yo estaba presente tocando la puerta (Apocalipsis 3:20) y esperando a ser recibido (Juan 1:12). En la santificación, estoy presente y habito en tu interior (Juan 14:23) y completando continuamente la obra que empecé al momento de la conversión (Filipenses 1:6).

La relación "Dios con nosotros" es efectiva también en asegurar mi conquista definitiva por ti. El cristiano está involucrado en una guerra espiritual que no puede librarse, mucho menos ganarse, sin mí, Immanuel, mi presencia contigo. Así como Josué se preparó para conquistar la Tierra Prometida, un tipo de experiencia cristiana, primero se le aseguró mi presencia (Josué 1:5). La esposa de Potifar tentó, sin éxito, a José; la Escritura inicia con un prefacio y concluye con la acotación "El Señor estaba con José" (Génesis 32:2, 21). Tú tienes victoria en mí porque yo estoy trabajando contigo (Filipenses 2:13), y tú estás en mí (Romanos 8:37).

Tercero, Mi consuelo profundo fluye de mí con la seguridad de perplejidad (Génesis 28:15), animar a mis siervos (Éxodo 3:12), una fortificación para el tímido (Jeremías 1:8), una confianza para el maestro

(Mateo 28:20), un descanso para el peregrino (Éxodo 33:14), y una fortaleza para el temeroso (Hebreos 13:5-6).

La experiencia de mi nombre, Immanuel

Hay una diferencia importante entre la unión del creyente conmigo (lo que existe como resultado del bautismo del Espíritu Santo y mi obra en la cruz, ambos aplicados a la salvación) y la comunión del creyente conmigo, por medio de la cual experimenta y disfruta los resultados de nuestra unión. Tu gozas los beneficios de mi nombre Immanuel, Dios contigo, en la medida en que respondes en obediencia a mi llamado multifacético en tu vida.

El primer aspecto es el llamado a la salvación. A lo largo del Nuevo Testamento, este llamado tiene un significado universal, pues yo quiero "que todos los hombres sean salvos y vengan al conocimiento de la verdad" (1 Timoteo 2:4) y, por lo tanto, yo mando "a todos los hombres en todo lugar, que se arrepientan" (Hechos 17:30, cf., también, 2 Pedro 3:9).

Segundo, hay un llamado a la santificación. Por la santificación te aparto para santidad. Incluye todos los tres aspectos de separación bíblica (cf. 1 Tesalonicenses 1:9). Primero, estás apartado para mí. Es más, estás apartado del pecado. Finalmente, estás apartado para servir. Yo estoy presente contigo en tu santificación personal (Juan 17:16-23) y tu santificación corporativa como un cuerpo de creyentes (Mateo 18:20).

También eres obrero junto conmigo (1 Corintios 3:9). Tengo un llamado específico para servir para cada creyente. No todo creyente tiene el mismo llamado, pero cada uno tiene la misma responsabilidad de servir en el lugar de su llamado. La Escritura describe tres aspectos del llamado. Con relación a su fuente, es un "llamado celestial" (Hebreos 3:1). Con relación a su carácter, es un "llamado santo" (2 Timoteo 1:9). Con relación a su desafío, es un llamado a la excelencia o un "llamado supremo" (Filipenses 3:14).

Un aspecto final de mi llamado es algo que la mayoría de los creyentes prefiere minimizar: el llamado al sufrimiento. El sufrimiento es una parte muy real de la vivencia de la vida cristiana (cf. 1 Pedro 2:19-21). Hay dos posturas extremas que deben evitarse en esta área de la vida cristiana. Primero, algunos huyen de toda oposición y dificultad, y al hacerlo, muchas veces estorban mi testimonio y no aprenden lo que estoy tratando de enseñarles en su sufrimiento. Un segundo grupo parece comprometido a multiplicar sus pesares y solo alcanzan el efecto de estorbar mi testimonio y, a veces, incluso resisten mi voluntad cuando quiero bendecirlos. Observa las cinco áreas de sufrimiento en la vida cristiana donde Immanuel se vuelve particularmente significativo: debilidades, afrentas, necesidades, persecuciones y angustias (2 Corintios 12:10).

MARAVILLOSO

Otro de mis nombres de nacimiento es "Maravilloso". Este título se usó por primera vez en una aparición del ángel del Señor a la madre de Sansón (Jueces 13:8-22) y, después, fue uno de los cinco títulos que Isaías me atribuyó: "hijo" "dado" y "niño" "nacido" (Isaías 9:6). Aunque muchos escritores contemporáneos tienden a ver este listado de Isaías como cuatro nombres compuestos, siendo el primero "Maravilloso Consejero", la palabra hebrea que el profeta usó es un sustantivo y no un adjetivo. Además, mis nombres "Maravilloso" y "Consejero" aparecen de manera independiente en otra parte de la Escritura como mis nombres.

Una definición de mi maravilla

Esta palabra "maravilloso" se usa con tres sentidos diferentes en el Antiguo Testamento. Primero, una maravilla es algo espectacular. La expresión "señales y maravillas" es una designación de lo milagroso en el Antiguo Testamento. El Nuevo Testamento reserva esta designación para los milagros de la variedad más increíble. Eran los tipos de milagros que dejaban al espectador con una sensación de asombro (cf. Mateo 15:31; Marcos 6:51; Lucas 4:22).

Un segundo aspecto de esta palabra "maravilla" es algo misterioso o secreto. F.C. Jennings ha comentado sobre este nombre de Cristo: "Esta expresa y esconde lo incomprensible". En esta manera el nombre está estrechamente relacionado al "nombre escrito que ninguno conocía sino él mismo" (Apocalipsis 19:12). Aun cuando este nombre ha sido cuidadosamente estudiado, un elemento de misterio permanece todavía sobre todo lo que este representa en mí.

Tercero, aquello que es maravilloso está separado de lo común y pertenece a lo majestuoso. Cae en una clasificación por sí misma, muy por encima de lo común o lo ordinario. Charles Haddon Spurgeon sugirió: "Su nombre deberá llamarse el apartado, el distinguido, el noble, apartado de la raza humana común".

Un reconocimiento de mi maravilla

Me llaman "Maravilloso" porque soy maravilloso. Soy maravilloso, primero, en mi identidad. Los teólogos hoy día pueden analizar la naturaleza de la *kenosis*, la encarnación y la unión hipostática de dos naturalezas, pero después de que todo está dicho y hecho, permanece un misterio profundo acerca de mi Persona. Además, soy maravilloso en mi industria. Ya sea en mi obra de la creación o mi obra de redención, todo lo que hice para lograr mi trabajo fue maravilloso en el sentido de que el observador del acto o de la obra terminada se siente abrumado con una sensación de asombro. Fui maravilloso en mi ministerio al punto de que las multitudes se maravillaban ante el contenido de mi mensaje y la autoridad con la que lo presentaba.

Finalmente, fui maravilloso en mi destino. Nací en un establo en la parte trasera de Belén, hijo legal de un carpintero humilde, mis asistentes más cercanos era un grupo de antiguos pescadores, patriotas y traidores a los ideales de su país, mi muerte humillante entre dos ladrones y la reputación de mi ciudad natal era "la ciudad de la basura", yo, Jesús de Nazaret, estoy destinado a ser declarado un día el Rey de reyes y Señor de señores.

Una respuesta a mi maravilla

Charles Haddon Spurgeon anunció una vez ante las grandes multitudes que llegaron a oírlo predicar: "Amados, hay mil cosas en este mundo que son llamadas por nombres que no les pertenecen; pero al entrar en mi texto, debo anunciar en el inicio, que Cristo es llamado Maravilloso, porque Él lo es". ¿Cómo respondes a esa maravilla?

Primero, respondes a mi maravilla con adoración. Yo debo ser el objeto de tu admiración y adoración agradecida. Hojear las páginas de un himnario común sugerirá docenas de expresiones adecuadas de tu adoración para mí.

Segundo, yo debo ser el objeto de tu devoción incondicional. Solo yo debo ser el objeto de tus afectos más profundos y cálidos. El gran mandamiento de la Ley era amarme a mí, el Señor, supremamente con todo tu ser. Eso también es una responsabilidad válida del cristiano hoy día.

Finalmente, debes responder a mi maravilla entrando en una comunión más profunda conmigo, el que es llamado "Maravilloso". La experiencia superficial de muchos cristianos hoy día es un comentario triste sobre su interés en mí, quien los ama y se dio a sí mismo por ellos. Si yo soy Maravilloso, y lo soy, tú deberías anhelar pasar tiempo conmigo estudiando la Biblia y orando para disfrutar una camaradería conmigo en todo lo que hagas.

CONSEJERO

Otro de mis nombres de nacimiento es "Consejero". El consejo de la serpiente en el huerto del Edén llevó al mundo a la ruina. Solo yo, un asesor que guía al hombre en el consejo del Padre. Si Satanás es el consejero de la ruina, yo soy el Consejero de la restauración.

La relevancia de mi nombre está clara en la Escritura por el hecho de que yo mismo no necesito consejo (Romanos 11:33-34); se me describe como la fuente de toda sabiduría y entendimiento (Proverbios 8:14), y se me presenta como impartiendo consejo a quienes lo buscan (Salmo 16:7; 73:24; Isaías 25:1; 28:29). Cuando estudias las Escrituras, mis cualidades como Consejero y la calidad de mi consejo se vuelven cada vez más obvios. Sin embargo, yo me vuelvo tu consejero solamente cuando disciernes y aplicas mi consejo a tu vida.

Mis cualidades como Consejero

La mayoría de los consejeros cristianos contemporáneos aseguran que hay tres cualidades básicas de un consejero bíblico eficaz. Basándose en versículos como Romanos 15:14 y Colosenses 3:16, argumentan que el consejero cristiano de hoy debe caracterizarse por un conocimiento del significado de la Escritura como aplica a su vida personal, una bondad o preocupación empática por los demás y un entusiasmo por la vida y la sabiduría; es decir, el uso hábil de la Escritura al ministrar a los demás para mi gloria.

Si esto es lo que la Escritura requiere de un consejero, entonces, obviamente, yo destaco en cada prerrequisito. Uno de mis atributos divinos es la omnisciencia, la plenitud de todo conocimiento. Solo yo soy verdaderamente bueno. También soy la personificación de la sabiduría del

Padre. Soy el Consejero por excelencia, pues soy el Único que cumple completamente con las cualidades de un consejero.

El carácter de mi consejo

Isaías describió mi naturaleza o carácter con las palabras "maravilloso su consejo" (Isaías 28:29, LBLA). Un sondeo de las referencias bíblicas al consejo del Señor indica cinco aspectos de su carácter.

Primero, mi consejo establece controles. Controla en el sentido de que guía los pasos del creyente (Salmo 73:24) y lo establece en aquello que continúa (Proverbios 11:14; 15:22; 19:21; 20:18).

Segundo, mi consejo es creativo. Es interesante observar con cuanta frecuencia el concepto de la creación permanece cercanamente a una referencia de mí, el Consejero (Isaías 40:14,26; Romanos 11:34,36). Este es un principio importante de recordar. Solo porque tu voluntad por alguien más en circunstancias similares requiere un curso de acción específico no significa que esa sea mi voluntad para todo el que está en esa misma situación. Debes aprender a dejarme ser Dios y ser creativo en mi consejo.

Tercero, mi consejo consuela: "El ungüento y el perfume alegran el corazón, y el cordial consejo del amigo, al hombre" (Proverbios 27:9). En mi papel como Consejero soy el *Paracleto* (Consolador), que en el Nuevo Testamento aplica a mí así como al Espíritu Santo (1 Juan 2:1). En ambos casos, una de mis funciones es acompañar para ayudar y animar al desalentado y consolar al afligido.

Cuarto, mi consejo es confidencial. Esto está implicado por la palabra griega *sumboulos*, usada por los traductores de la Septuaginta (LXX) y los escritores del Nuevo Testamento (Proverbios 24:6; Isaías 9:6; Romanos 11:34). El término realmente significa "un consejero confidencial". Cuando buscas consejo de mí referente a una oportunidad o a un problema, el consejo resultante es confidencial, y tú no tienes que preocuparte de escuchar que un "pajarito" lo divulgó.

Finalmente, mi consejo es corporativo. Cuando aconsejé a la iglesia de Laodicea que ungieran sus ojos y mejoraran su visión, usé el verbo griego *sumbouleuo*, que significa: "aconsejar conjuntamente". El Padre, como el Dios de todo consuelo y el Espíritu Santo como el Consolador son mis otros consejeros para el creyente. David también llamó a las

Escrituras sus consejeros, pues estas son el instrumento que esta Trinidad de consejeros usa para comunicar mi consejo.

El discernimiento de mi consejo

¿Cómo puedes discernir mi consejo en tu vida? Entre los muchos principios de la Escritura para discernir la voluntad de Dios, sobresalen predominantemente cinco de ellos. Primero, mi consejo está revelado en las Escrituras (2 Timoteo 3:16-17). Segundo, mi consejo muchas veces viene a través de la oración (Jueces 20:18, 23; 1 Samuel 14:37). Tercero, puedes discernirlo con la ayuda de consejeros sabios (Proverbios 11:14; 12:15; 24:6). Cuarto, lo reconoces a través de las circunstancias. Eliezer estaba consciente de mi guía en su vida, y las circunstancias confirmaron que así era (Génesis 15:2; 24:27). Finalmente, el Espíritu Santo confirma mi consejo. Pablo procuraba ir a varios lugares a predicar el evangelio que no era a donde yo quería que él fuera. Debido a que él era sensible a la guía del Espíritu, pudo discernir las puertas cerradas y tuvo una seguridad profunda de que estaba haciendo lo que yo quería que hiciera cuando las puertas finalmente se abrieran (Hechos 16:6-10).

EL DIOS PODEROSO

Isaías también me llamaba *El Gibbon*, "El Dios poderoso" (Isaías 9:6). Aunque yo me "despojé a mí mismo" (adoptando la humilde posición de un esclavo, NTV) y nací como un ser humano (Filipenses 2:7, NTV), nunca abandoné mis atributos divinos. ¿No es paradójico que yo, el Dios poderoso, debía vestirme como un bebé recién nacido? Si alguna duda hay sobre la visión de Isaías sobre la venida de este niño, él indica aquí claramente que yo soy Dios encarnado.

La Escritura usó la palabra hebrea *gibbon*, traducida "poderoso", no solo para mí sino también para los "hombres poderosos" que eran soldados de Israel distinguidos en batalla. Comunica la idea de una fuerza y destreza física excepcionales. Cuando se usa esa palabra para mí en el Antiguo Testamento, esta expresó la seguridad de que yo defendería a Israel de sus enemigos (Salmos 24:8; 45:3). Enfatiza el atributo de la omnipotencia y sugiere que yo usaría ese poder en beneficio de mi pueblo.

EL PADRE ETERNO

También me llaman "el Padre eterno", o más literalmente, "Padre de la eternidad". Esta es la afirmación más enfática de mi deidad que ofreció el profeta Isaías. Este título ha provocado alguna confusión entre los cristianos al tratar de entender el misterio de la Trinidad. Aquí no me están llamando el Padre, como en Dios el Padre, es el Padre. Yo soy una Persona de la Trinidad diferente. Las Personas de la Trinidad son iguales en naturaleza, pero se diferencian en Persona y en distintas responsabilidades.

El título "Padre" se usa aquí, refiriéndose a mí, en el sentido de un "prócer". La gente hablará sobre los próceres de un país o movimiento, refiriéndose a los que fueron pioneros de una idea he hicieron nacer al movimiento o a la nación. En este sentido, yo soy el prócer de la eternidad, existiendo antes de su inicio y dando vida al tiempo y la historia.

EL PRÍNCIPE DE PAZ

Isaías también me llama "el Príncipe de paz". Soy un Príncipe ahora y seré finalmente reconocido no solo como un rey, sino como el Rey de reyes (Apocalipsis 19:16). Como el Príncipe de paz, yo puedo suplir la necesidad más profunda del corazón humano: que la paz conmigo y con otros que lo rodean. La paz conmigo es un resultado de tu justificación y basado en el derramamiento de mi sangre en la cruz (Romanos 5:1; Efesios 2:13; Colosenses 1:20). Yo soy el Dios de paz (Filipenses 4:9) y *Jehovah Shalom* (Jueces 6:24), y el que hace la paz entre pecadores y el Padre (Efesios 2:14).

Observa cómo estos cinco nombres, que Isaías sugirió, se relacionan a mi ministerio. Yo era Maravilloso en la vida cuando llevé a cabo varias señales y maravillas para demostrar quien era. Fui tu Consejero por medio del ejemplo y la enseñanza. Y perpetué mi consejo al darte el Nuevo Testamento. En mi resurrección, yo mismo demostré ser el Dios poderoso. Ascendí a la gloria como tu Padre eterno, y cuando regrese, lo haré como el Príncipe de paz.

CONCLUSIÓN

Cuando los padres eligen un nombre para su hijo, muchas veces tratan de seleccionar uno que exprese sus esperanzas por lo que ese niño será algún día. Los padres les dan a sus hijos un nombre igual al de personas que ellos admiran y respetan. Cuando el Padre inspiró a sus profetas para seleccionar mis nombres: Cristo, Niño, el Padre tenía la ventaja de la omnisciencia. Mis nombres no solo expresan un deseo, sino que afirman la naturaleza y el carácter de quien yo soy. Yo soy la Aurora de lo alto, Immanuel, Maravilloso, Consejero, el Dios poderoso, el Padre eterno y el Príncipe de paz. ¿Me has reconocido con cada uno de estos nombres en tu vida?

PARA DISCUTIR

1. De todos los individuos en la Escritura que nacieron sobrenaturalmente, ¿Por qué mi nacimiento es el mayor?

2. ¿En qué manera soy tu Aurora?

3. ¿Cómo debería mi nombre y obra como Immanuel impactar tu vida diaria?

4. Menciona varias formas en que los cristianos pueden expresar su adoración a mí como "Maravilloso".

5. ¿Cómo y cuándo te aconsejo a ti, el creyente?

6. ¿Soy Príncipe de paz hoy, o es este un evento futuro?

CAPÍTULO SIETE

MIS NOMBRES DE SERVICIO

Como el Hijo del Hombre no vino para ser servido, sino para servir, y para dar su vida en rescate por muchos. (Mateo 28:20; Marcos 10:45)

Describí mi ministerio en la tierra en términos de ministrar a otros. Aunque hubo momentos cuando unos amigos me albergaron otros proveyeron para mis necesidades físicas, mi preocupación principal era qué podía hacer yo por los demás. Donde estuviera, hallaba necesidades y las suplía. Las multitudes me seguían no tanto por mi carisma dinámico sino por lo que yo hice por ellos. Venían por sanidad, para que les librara de los demonios o para ser alimentados con pan y pescado. Muchas veces, sus motivos no eran nobles. Suplí sus necesidades en la vida, y algunas personas decidieron seguirme. Yo era principalmente un pastor para los demás.

Cuando ascendí al cielo, continué siendo un pastor para los demás. Incluso, hoy día, estoy principalmente interesado en suplir las necesidades de la gente. Mi nombre representa mi capacidad para suplir una necesidad particular en la vida de la persona. Algunos han preguntado: "¿Cuál es mi nombre más grande en la Escritura?". En realidad, no hay una respuesta estándar a esa pregunta. El nombre más grande es el que suple tu necesidad más grande. Para algunos es "Jesús", mi nombre que se relaciona muy estrechamente a la salvación. Para otros es "Cristo", mi nombre que se relaciona muy estrechamente a la vida cristiana victoriosa. Alguien que está frecuentemente desanimado podría pensar en mi nombre "Consolador" o "Consuelo" como el más grande de todos.

Aunque cada uno de mis nombres ministra las necesidades humanas, algunos nombres me describen más característicamente en mi rol como pastor. Yo llamo a estos nombres "mis nombres de servicio". Hay muchos nombres de esos en la Escritura debido a que el alcance de mi ministerio es muy amplio. Tu objetivo en este capítulo es examinar solo unos pocos de mis nombres de servicio más prominentes.

Cuando piensas en mis nombres de servicio, es obvio que puedo servir solamente en el lugar de tu vida a donde soy invitado. Hay cinco aspectos de mi presencia en la Escritura. Primero, soy omnipresente. Esto significa que, como Dios, estoy en todo momento en todo lugar totalmente presente. Luego, está mi presencia localizada, así como cuando Esteban me vio parado para recibirlo mientras era apedreado y tenía sus ojos puestos en el cielo (Hechos 7:55). También puedes hablar de mi presencia que mora; yo vivo dentro del creyente (Colosenses 1:27). La cuarta es mi presencia institucionalizada. Hay una sensación en la que yo habito en medio de una iglesia (Efesios 1:22-23). Finalmente, soy la Palabra encarnada que habita en las Escrituras, la Palabra inspirada. Las Escrituras están, por lo tanto, identificadas como la Palabra de Cristo (Colosenses 3:16).

MIS NOMBRES CREATIVOS

Cuando pienses en mis nombres de servicio, debes empezar con aquellos títulos que se relacionan a mi creación y al sostenimiento de este mundo. En ese respecto, soy tanto el Creador como el Sustentador del mundo y toda la vida que hay en él. Las referencias prominentes a mí en dos versículos cristológicos enfatizan particularmente este hecho.

La primera de ellas está en el primer capítulo de Juan en donde me presenta como el *Logos*. Juan afirmó: "Todas las cosas por él fueron hechas, y sin él nada de lo que ha sido hecho, fue hecho" (Juan 1:3). Al discutir mi obra creativa, Juan usa el verbo *egento*, que significa "generado o energizado". Yo creé por medio de producir vida y energía de la nada. Este versículo siguiente argumenta: "En él estaba la vida, y la vida era la luz de los hombres" (Juan 1:4). Yo soy vida.

El segundo pasaje clave es Colosenses 1:15-22. Quizá ninguna otra declaración acerca de mí es tan magnífica como esta. Aunque nunca me menciona por nombre en este pasaje, no menos de quince pronombres se usan para referirse a mí. "Porque en *él* fueron creadas todas las cosas, las que hay en los cielos y las que hay en la tierra, visibles e invisibles;

sean tronos, sean dominios, sean principados, sean potestades; todo fue creado por medio de *él* y para *él*. Y *él* es antes de todas las cosas, y todas las cosas en *él* subsisten" (Colosenses 1:16-17). Estos versículos me identifican como el Creador y Sustentador de la vida. Los términos "tronos, dominios, principados y poderes" se consideran generalmente como una referencia a varios rangos de ángeles. Yo los creé a todos y vine antes que ellos. Aquí Pablo me describe como más que un super ángel, probablemente con la intención de corregir una enseñanza falsa en la iglesia primitiva.

La palabra "subsisten" (Colosenses 1:17) significa literalmente "mantener unido". Esto es similar a la descripción que Juan hizo de mí como vida. La energía es el pegamento que mantiene este universo y todas sus partes componentes. Soy la fuente de la energía porque la vida produce energía. Los científicos han descubierto una increíble cantidad de energía en cada átomo, pero yo soy la fuente de esa energía. Al ver este aspecto de mi naturaleza, debes tener cuidado de no ir al extremo de Spinoza quien definió la energía como su dios. Aunque yo soy la fuente de la energía, no debes pensar en mí como energía en sí.

MIS NOMBRES INSTRUCTIVOS

Varios de mis nombres en el Nuevo Testamento enfatizan mi papel como maestro. Es interesante que las Escrituras nunca me llaman predicador (aunque eso puede estar implicado en mi título Profeta). Al menos cuatro términos se usan para distinguirme como maestro. Cada uno de estos términos difiere ligeramente en significado, y juntos dan una imagen más completa de mi naturaleza y el énfasis en mi misterio de enseñanza.

Rabí

La palabra *rabí* es aramea, y los escritores del Nuevo Testamento la transliteraron al griego. En muchos casos, los traductores han hecho lo mismo, llevando la palabra al español, letra por letra. Rabí era una manera común de dirigirse al maestro religioso en el primer siglo y dos de mis primeros discípulos la usaron para dirigirse a mí (Juan 1:38). En ese lugar, Juan explica a sus lectores griegos que mi título equivalía en significado a "Maestro" (*kurios*), una referencia griega común para un filósofo o maestro.

La palabra aramea significa literalmente "mi mayor" y representaba el gran respeto que los judíos tenían por sus rabinos. El título incluía no solo la idea de la enseñanza, sino también cierta satisfacción en su enseñanza. Se usaba mucho como ahora nosotros decimos maestro carismático, o un maestro de vida, etc. Cuando la gente se dirigía a mí como "Rabí", normalmente discernían la naturaleza o contenido de mi enseñanza.

Raboni

El título *Raboni* se usa solamente en dos ocasiones para referirse a mí. La primera vez fue usada por Bartimeo, el ciego, en su petición por recuperar la vista (Marcos 10:51, LBLA). Después, María Magdalena lo usó al reconocerme como el Cristo resucitado. En ambas ocasiones, fue usado por personas que tenían un profundo sentido de lealtad o afecto por mí debido a los milagros mayores que yo había hecho por ellos. Es una forma intensificada del título "Rabí" y podría traducirse "Mi Rabí". Cuando María lo usó en esa mañana de la resurrección, ella no dudó en decirlo con amor profundo por mí, Aquel que no era solamente otro maestro si no el que ella aseguraría ser su maestro (Juan 20:16).

Didaskalos

Un tercer nombre instructivo para mí es la palabra griega *didaskalos*, traducida generalmente como "maestro". Este fue el título que Nicodemo usó cuando se dirigió a mí como "un maestro que ha venido de parte de Dios" (Juan 3:2). Era característico de mi ministerio que las multitudes que me escuchaban enseñar se asombraran de mi doctrina o enseñanza (cf. Mateo 7:28-29; Marcos 1:22, 27). Aunque hoy día es popular hablar de mis sermones, probablemente sería más adecuado considerarlos como mis clases bíblicas para adultos, porque se refieren a mi enseñanza en vez de a mi predicación. Seis bloques principales de mi enseñanza están registrados en Mateo, incluyendo el Sermón del monte (Mateo 5-7), mis instrucciones para los apóstoles antes de enviarlos (Mateo 10), mis parábolas sobre el reino de los cielos (Mateo 13), mi enseñanza sobre la grandeza en la iglesia (Mateo 18), mi sermón en el templo el día de la prueba (Mateo 21-23), y el discurso de los Olivos concerniente a las cosas venideras (Mateo 24-25). Juan incluye un relato adicional de una sesión de enseñanza mía, el discurso del Aposento alto (Juan 13-16), y varios relatos detallados de otras lecciones. Lucas también enfatiza mi ministerio de enseñanza, particularmente al registrar varias de las parábolas que enseñé.

Mi enseñanza era única en contenido y en estilo. Enseñé, no la tradición de los hombres, como era común en mis tiempos, sino la Palabra de Dios. Al igual que los profetas antiguos, hablé en nombre de Dios; sin embargo, a diferencia de los que iniciaban sus apelaciones más autoritarias con la acotación "Así dice el Señor", yo era único por mi comentario "Pero yo os digo". Yo era diferente a los escribas, los maestros usuales de la Ley, no solo en el contenido, sino también en mi estilo de enseñanza. Cuando un escriba enseñaba la Ley, él anunciaba su texto y procedía a recitar todas las opiniones variadas de otros maestros respetados de la Ley. Solamente entonces, concluía anunciando el consenso del estudio sobre el tema. Sin embargo, yo hablaba con autoridad con poco o ninguna referencia a las autoridades generales.

Kathegetes

Un nombre final mío que alude a mi ministerio de enseñanza es el término *kathegetes*, que significa "guía". Se usa solo en una ocasión en el Nuevo Testamento donde animé a mis discípulos: "Ni dejéis que os llamen preceptores; porque uno es vuestro Preceptor, Cristo" (Mateo 23:10, LBLA). Aquí, este término se traduce dos veces como "preceptor" en la versión *La Biblia de las Américas*; sin embargo, otros traductores han usado palabras como "guía" o "maestro" para comunicar el significado de esta palabra. Difiere de otras palabras para "maestro" en la Escritura en que comunica la imagen de un maestro que influencia o guía al estudiante no solo intelectual sino moralmente. Soy único entre los maestros en que solo yo puedo enseñar la verdad y guiarte más completamente en el camino de la verdad.

MIS NOMBRES SOBERANOS

Varios nombres diferentes que se refieren a mí son traducidos con la palabra en español "maestro", incluyendo la mayoría de los nombres instructivos citados anteriormente. Sin embargo, al menos tres de mis títulos incluyen en su significado la idea de dominio sobre alguien o algo. Estos también son nombres de servicio míos, pues demuestran mi poder y autoridad sobre otros y, por lo tanto, evidencian mi capacidad para servir.

Epistates

Solo Lucas usa la palabra griega *epistates*; la usa seis veces refiriéndose a mí (Lucas 5:5; 8:24-45; 9:33,49; 17:13). Es un término fuerte, significa "jefe, comandante, líder o superior". Se relaciona estrechamente con la palabra traducida "obispo" en la versión La Biblia de las Américas, que es un título de pastor en una iglesia (1 Timoteo 3:1). Designa la autoridad absoluta del que es asignado y que sería considerado ordinariamente un título honorable. Aparentemente, nunca fue usado excepto por un discípulo, y en cada caso sucede dentro del contexto en el que quien lo dice tiene una opinión de mí algo defectuosa. Siempre está seguido por la escena donde quien lo dijo recibe una reprensión por su acción o conclusión, o el usuario de la palabra experimenta algo que hace que él incremente su entendimiento de quien soy.

Oikodespotes

Usé el término *oikodespotes* para referirme a mí en varias de mis parábolas. Está traducido como "dueño de la casa" (Mateo 10:25; Lucas 13:25; 14:21, LBLA), "padre de familia" (Mateo 20:11; 24:43; Marcos 14:14; Lucas 12:39), y "hacendado" (Mateo 20:1; 21:33, LBLA). Este era el título usual para el amo sobre los administradores de la casa. Enfatiza el control absoluto de ese amo sobre esos administradores. Yo usé esté título en dos contextos. Primero, soy el amo sobre mis discípulos que son administradores de los misterios de Dios. Segundo, en esas parábolas escatológicas en las que usé este término en el contexto de mi regreso, soy el amo sobre toda la humanidad. Por este título, reclamé autoridad absoluta sobre el hombre tanto en esta vida como en la venidera.

Despotes

Solamente hay una referencia a mí con el término *despotes* y está en la segunda epístola de Pedro (2 Pedro 2:1) y está traducida como "Señor". El diccionario Vine sugiere que esta palabra se refiere a "aquel que tiene la propiedad absoluta y un poder que no se puede controlar". Este es, quizá, el título más fuerte que discute mi Señorío. Era comúnmente usado en griego para referirse a un amo que ejercía una autoridad rígida sobre sus esclavos y es la raíz de donde se deriva el sustantivo en español "déspota", refiriéndose a cualquier gobernador que tenga control absoluto, particularmente un líder tirano u opresivo. La connotación negativa —abuso de poder— no está necesariamente implicada en este término, solamente la naturaleza absoluta de mi autoridad.

MIS NOMBRES DE AYUDA

Algunos de mis nombres de servicio pueden describirse mejor como "nombres de ayuda", pues su énfasis principal señala la manera en que yo ayudo al creyente para que lleve una vida cristiana. La vida cristiana se ha explicado como yo viviendo en y a través del cristiano (cf. Gálatas 2:20). Ya que esto es cierto, cada uno de mis más de 700 nombres y títulos, en algún modo, es un "nombre de ayuda". Sin embargo, los nombres que se consideran en esta sección corresponden más apropiadamente aquí debido al papel más directo que juego en tu vida cristiana, tal como lo implican estos nombres.

El intercesor

Yo soy tu intercesor; uno de mis trabajos principales en favor del cristiano hoy día es el de intercesión. El escritor de Hebreos mencionó: "Por lo cual puede también salvar perpetuamente a los que por él se acercan a Dios, viviendo siempre para interceder por ellos" (Hebreos 7:25). Esta es una de mis funciones principales como tu Sumo sacerdote.

Durante mucho tiempo el hombre ha sentido la necesidad de un intercesor. En medio de su desesperación, Job clamó: "¡Ojalá pudiese disputar el hombre con Dios, como con su prójimo!" (Job 16:21). Él se dio cuenta de que la necesidad más grande era alguien que pudiera estar frente al Dios santo en favor de una raza humana pecadora y rogar efectivamente por esa raza. Por eso, él había lamentado anteriormente: "No hay entre nosotros árbitro que ponga su mano sobre nosotros dos" (Juan 9:33). Ese árbitro que faltaba era yo, Aquel a quien Pablo, en el Nuevo Testamento, llamó "el Mediador" (1 Timoteo 2:5).

El doble propósito de mi oración intercesora a tu favor es evitar que peques y, al hacerlo, mantenerte a salvo al máximo. De mis dos ministerios principales como tu Sumo sacerdote, me preocupo más en prevenir problemas en la vida cristiana. Yo, el Intercesor, soy conocido por lo que hago: yo ruego que tú no peques.

El abogado

El segundo de mis ministerios como tu Sumo sacerdote es abogar. Me llaman "abogado para con el Padre" (1 Juan 2:1), que significa que yo me presento ante Dios en tu nombre. Como intercesor, yo ruego que tú no peques. Como Abogado, estoy a tu lado después de que has pecado. Juan usa la palabra griega *paracleto*, que significa "el llamado a estar a tu lado para ayudar". Este es también un nombre del Espíritu Santo, traducido en otro luchar como "Consolador" (Juan 16:7).

La responsabilidad de un abogado es estar al lado de la persona o los principios que defiende. Una frase legal que se usa hoy en día para describir a un abogado es "un amigo de la corte". Si tienes que ir a la corte por un accidente de tránsito, tu compañía de seguros suple un abogado que actúe en tu lugar. A lo largo del curso del caso, el abogado habla en tu nombre para asegurarse de que la corte escuche tu versión del accidente. Aunque tú no hablas por ti mismo en la corte, tu caso está siendo escuchado debido a los esfuerzos de tu abogado.

De manera similar, yo actúo como tu abogado ante el Padre en el cielo cuando el diablo te acusa de haber pecado. Yo soy el Hombre en la gloria, un sacerdote de la orden de Melquisedec, que está calificado y que es capaz de representar tu causa en la corte celestial. En realidad, yo no tengo que defender tu caso cada vez que pecas. Mi presencia constante ante el Padre es la defensa suficiente de tus faltas. Mi defensa descansa sobre mi obra, la que cumplí en el Calvario por ti.

Debido a que tanto interceder como abogar son aspectos de mi trabajo como Sumo sacerdote, las cualidades de ambas responsabilidades son cualidades para el sacerdocio. Yo califico para ser tu Sumo sacerdote, y por lo tanto, tu Intercesor y tu Abogado porque, según la orden de Melquisedec, yo fui el llamado de Dios para ser tu Sumo sacerdote y fui ungido por el Espíritu Santo de la misma manera en que son ungidos con aceite los sacerdotes para empezar su ministerio sacerdotal. El Hombre en la gloria (Hebreos 6:19-20; 7:24) no solo es tu Sumo sacerdote, sino también tu Intercesor y Abogado.

La propiciación de tus pecados

El tercero de mis nombres de ayuda es "la Propiciación de tus pecados" (1 Juan 2:1). La palabra griega *hilaskomai* significa "a satisfacción". La usaban los griegos paganos para describir los sacrificios ofrecidos a sus dioses para apaciguar su ira. En las Escrituras, esta palabra nunca se usa en conexión con algún acto humano que pueda apaciguar la ira de Dios; más bien, mi sacrificio indirecto y expiatorio propicia a Dios. En mi sacrificio en la cruz, el carácter santo y recto de Dios fue justificado haciendo posible que Él fuera un Dios justo y, al mismo tiempo, perdonara el pecado. Yo no solo cumplí el deber de propiciar al Padre, sino que yo mismo fui la propiciación o satisfacción por medio de la cual Dios fue propiciado.

Juan me describe como la propiciación de tus pecados (plural). Al inicio de esta epístola, él usa la forma singular del sustantivo "pecado" (cf. 1 Juan 1:7-8). Cuando la palabra "pecado" aparece en singular en esta epístola, el apóstol está hablando de la naturaleza pecaminosa del hombre. Cuando el sustantivo está en plural, Juan habla de la práctica del pecado. Yo no solo "te limpio de todo pecado" (1 Juan 1:7), sino que además, perdono todos tus pecados (1 Juan 1:9). Yo soy el pago o propiciación suficiente por los pecados que cometes —pasado, presente y futuro— y no solo por tus pecados "sino también por los pecados de todo el mundo" (1 Juan 2:2). Mi muerte fue suficiente para salvarlos a todos, sin importar su historia de pecado.

El que habita internamente

Aunque el título "el que habita internamente" no se halla en la Escritura, este nombre es bíblico en espíritu. Mis nombres reflejan mis acciones, y estos actos incluyen habitar en el creyente. Muchos cristianos se dan cuenta de que el Espíritu Santo habita en ellos, pero no saben que yo mismo también vivo en su interior. Les prometí a mis discípulos "manifestarme", y después expliqué: "El que me ama, mi palabra guardará; y mi Padre le amará y vendremos a él, y haremos morada con él" (Juan 14:20-23).

Al reconocimiento consciente de que yo habito internamente en el creyente es llamado a veces comunión con Cristo o la vida cristiana más profunda. La condición que el creyente debe cumplir para disfrutar esta comunión es un amor profundo por mí que sea evidente en una obediencia voluntaria para cumplir mis mandamientos. No puedes asegurar tener este tipo de amor por mí mientras te resistes rebeldemente al Señorío de Cristo. Tu obediencia a las Escrituras nace, no de un espíritu legalista, ni del temor a las consecuencias de no obedecer, sino más bien, de un deseo interno de complacerme a mí, Aquel que te ama.

Juan usa una palabra interesante para describirnos al Padre y a mí habitando en el interior del creyente. La palabra *monai*, traducida "morar" en Juan 14:23, sucede solamente una vez más en la Escritura, y allí está traducida como "mansiones" (Juan 14:2, RVR 1977). Obviamente, el uso que Juan le da aquí a la palabra es relevante. Mientras yo estoy en el cielo preparando tu mansión, tú estás aquí en la tierra proveyéndome a mí una mansión. Si yo fuera a prepararte una mansión similar a la que tú estás preparando para mí, ¿cómo sería tu mansión en el cielo? Cuando entiendes que yo no solo estoy en el cielo, sino también vivo en tu interior, eso en sí debería ser un incentivo para vivir en santidad.

CONCLUSIÓN

Yo no vine para ser servido, sino para servir. En muchas formas, todavía estoy sirviéndote hoy día. Cuando aprendes mis nombres de servicio, tu aprecio y amor por mí aumentan. Sin embargo, un entendimiento de mis nombres de servicio hace más por ti que solamente incrementar el amor que sientes por mí. Yo dije: "Bástale al discípulo ser como su maestro" (Mateo 10:25). Ya que por nombre y naturaleza soy un ministro para las necesidades de los demás, también tú, como mi discípulo, ministra a los demás en mi nombre.

PARA DISCUTIR:

1. Mis nombres de servicio, que se relacionan a mi acto de creación, son Creador y Sustentador. Discute cada uno de estos roles.

2. ¿Cuáles son mis nombres instructivos? ¿Qué puedes aprender sobre mí de cada uno de ellos?

3. Mis nombres soberanos describen mi rol en dar dirección al creyente. ¿Qué puedes aprender sobre mí de cada uno de esos nombres?

4. Mis nombres de ayuda revelan cómo apoyo y ayudo al creyente. Discute el significado y el trabajo involucrado en estos nombres.

5. Comparte tu reacción al revisar mis nombres de servicio. ¿Cuál es el más significativo para ti? ¿Por qué?

CAPÍTULO OCHO

MIS NOMBRES EN MI CONDICIÓN DE HIJO

"Yo publicaré el decreto: Jehová me ha dicho: Mi hijo eres tú; Yo te engendré hoy" (Salmo 2:7, RVA). Mi nombre favorito del Padre es "Hijo". Es un nombre del Antiguo Testamento (Salmo 2:7), y tiene implicaciones eternas. Los cristianos de todo el mundo me llaman "el Hijo unigénito". En toda ocasión, excepto una, me refiero a Dios como "Padre". La excepción a esta regla sucedió cuando, estando en la cruz, pregunté: "Dios mío, Dios mío, ¿por qué me has desamparado?" (Mateo 27:46).

En Juan 5:19-27, me referí diez veces a mí mismo como "el Hijo" en mis comentarios a los judíos. Afirmé que yo hacía solo lo que había visto hacer a mi Padre (5:19), que era el objeto constante del amor del Padre (5:20), que tenía poder para dar vida (5:21), que el Padre había delegado en mí su autoridad para juzgar (5:22), que los hombres deberían honrarme así como honraban al Padre (5:23), que aquellos que no me honraban ofendían al Padre (5:23), que el Padre me envió (5:23), que los muertos resucitarían al escuchar mi voz (5:25), que tengo vida en mí mismo (5:26), y que el Padre me ha dado autoridad para hacer juicio (5:27). Obviamente, "Hijo" es un título importante.

De todos mis muchos nombres y títulos, quizás más pertenecen a esta familia o categoría de nombres que todos los otros. Al menos diecinueve nombres de "condición de hijo" en la Escritura se relacionan conmigo. Estos incluyen: el Hijo del Altísimo (Lucas 1:32), el hijo del carpintero (Mateo 13:55), el hijo de María (Marcos 6:3), el hijo de David (Marcos 10:47), el hijo de José (Juan 1:45), Hijo (Mateo 11:27), su Hijo del cielo (1 Tesalonicenses 1:10), mi Hijo amado (Mateo 3:17), el Hijo de Dios

(Juan 1:49), el hijo de Abraham (Mateo 1:1), el Hijo del Hombre (Juan 1:51), el Hijo del Bendito (Marcos 14:61), el Hijo del Padre (2 Juan 3), el Hijo de la libre (Gálatas 4:30), el Hijo del Dios viviente (Mateo 16:16), el Hijo del Dios Altísimo (Marcos 5:7), hijo sobre su casa (Hebreos 3:6), el Hijo hecho perfecto para siempre (Hebreos 7:28), y el Hijo unigénito (Juan 3:16).

Aunque cada uno de mis diecinueve nombres de "mi condición de hijo" posee un significado importante y especial, este capítulo examinará solamente tres de los más prominentes. Cada uno de ellos está utilizado en Juan 3 en conexión con mi reunión con Nicodemo. Observa las frases: "Hijo del Hombre" (Juan 3:14), refiriéndose a mi cargo mesiánico y a mi humanidad; "Hijo unigénito" (3:16), refiriéndose a mi relación única con Dios; e "Hijo de Dios" (3:18), que tiene una referencia especial a mi naturaleza y carácter divinos.

HIJO DEL HOMBRE

"Hijo del Hombre" es particularmente digno de notarse porque, en los evangelios, parece ser mi título favorito para mí mismo. Nunca me identifiqué como "Jesús" hasta que le aparecí a Pablo en el camino de Damasco y luego, solo una vez más, al apóstol Juan cincuenta años después (Apocalipsis 22:16). Solamente una vez me llamé a mí mismo "Señor", y eso fue al citar el Antiguo Testamento (Mateo 22:43). Más de ochenta veces durante mis tres años y medio de ministerio, me llamé a mí mismo "el Hijo del Hombre". También es interesante notar que solamente usé este término y que nadie más se dirigió a mí como "el Hijo del Hombre".

¿Por qué este término era mi título favorito? La respuesta a esta pregunta radica en su trasfondo bíblico. La única aparición de este término en el Antiguo Testamento, sin relevancia alguna, está en Daniel 7:13. Allí, es un título de la expectativa mesiánica. Daniel me describe en el contexto de mi regreso y de mi reino. Este es el único uso de la expresión en el Antiguo Testamento donde se refiere a mí. Otras apariciones del término en el Antiguo Testamento tienen un sentido diferente (cf. Ezequiel 2:1,3,8; 3:1; 4:1; etc.).

La visión de Daniel contrasta mi reino con la sucesión de imperios mundiales representados simbólicamente como el león (Babilonia), el oso

(Medo-Persia), el leopardo (Grecia) y la cuarta bestia —descrita solo como "espantosa y terrible" (Roma). Cuando estos grandes poderes y reinos pasen, yo "como el Hijo del Hombre" permaneceré (Daniel 7:13–14, LBLA). Asociados estrechamente conmigo están un dominio, una gloria y un reino que son más grandes que todo lo que vino antes. Los judíos esperaban que su Mesías conquistara un reino existente (es decir, Roma). Ellos rechazaron mis declaraciones mesiánicas cuando no cumplí con sus nociones preconcebidas sobre lo cómo debería ser y lo que debería hacer un Mesías. Sin embargo, un día, yo recibiré los reinos del mundo de parte de Dios Padre. Los reclamaré como Rey de reyes y Señor de señores. Este aspecto de la profecía aún espera cumplirse.

El contexto de Juan 3 sugiere una segunda razón por la que yo pude haber favorecido este nombre por encima de otros: "Nadie subió al cielo, sino el que descendió del cielo; el Hijo del Hombre, que está en el cielo" (Juan 3:13). Cuando nací en Belén, adquirí algo que nunca había tenido: una naturaleza humana. Aunque seguí siendo Dios, también me convertí en hombre; yo poseía una naturaleza humana completa. Debido a que yo quería identificarme con quienes vine a salvar, yo decidí llamarme "el Hijo del Hombre". El versículo clave del evangelio de Lucas afirma: "Porque el Hijo del Hombre vino a buscar y a salvar lo que se había perdido" (Lucas 19:10).

Me referí a mí mismo como el Hijo del Hombre en tres contextos. Primero, fui el Hijo del Hombre en el contexto de mi ministerio terrenal (cf. Mateo 8:20; 9:6; 11:19; 16:13; Lucas 19:10; 22:48). Segundo, usé este título también para describir mi acercamiento, mi muerte en la cruz (cf. Mateo 12:40; 17:9,22; 20:18; Marcos 10:33; Lucas 9:22; Juan 3:14; 8:28; 12:23; 13:31). Finalmente, usé este título en un contexto escatológico con referencia a mi segunda venida (Mateo 13:41; 24:27,30; 25:31; Lucas 18:8; 21:36).

EL HIJO UNIGÉNITO

Cuando alguien le preguntó a un niño qué aprendió en la escuela dominical, él respondió que la lección fue sobre "el único Hijo de Dios olvidado". Explicó cómo la gente se olvidó de Él, y que Él tuvo que nacer en un establo, y después sus padres lo olvidaron y lo dejaron en el templo. Aunque el niño había leído mal el título "Hijo unigénito", también tenía razón sobre "el único Hijo de Dios olvidado". La gente de la actualidad todavía me olvida, así como sucedió comúnmente durante mi vida en la tierra (cf. Juan 1:10-12).

El nombre "Hijo unigénito" (Juan 3:16) no se originó en los evangelios, sino más bien en el cielo antes de que comenzara el tiempo. En el primero de los salmos mesiánicos, David mencionó: "Yo publicaré el decreto; Jehová me ha dicho: Mi hijo eres tú; Yo te engendré hoy" (Salmo 2:7). Con el paso de los años, se han ofrecido varias sugerencias en cuanto al "día" en que fui engendrado. Para resolver una controversia doctrinal en la iglesia primitiva, los padres de la iglesia acuñaron la expresión "generación eterna". Cuando hablan de la generación eterna del Hijo, quieren decir que yo fui eternamente el Hijo y no me convertí en Hijo en mi nacimiento, bautismo, muerte, resurrección, asunción o cualquier otro punto histórico en mi vida encarnada. Si me convertí en Hijo en algún punto del tiempo, no sería el Hijo eterno y, por lo tanto, no estaría relacionado al Padre como el Hijo de la eternidad.

Debes entender la diferencia entre ser engendrado y ser identificado o nombrado hijo. Tradicionalmente, los judíos nombraban a sus hijos ocho días después del nacimiento, al momento de su circuncisión. Por lo tanto, no es inusual que deba existir un periodo de tiempo entre la generación eterna del Hijo y las varias veces cuando fui llamado el Hijo. Elmer Towns tuvo solo un hijo unigénito. Cuando su hijo nació el 8 de mayo de 1956, lo nombraron Stephen Richard Towns.

Unos 10 años después, él escuchó a otro hombre llamando a su hijo con varios términos de afecto que sonaban muy amanerados para pertenecerle a un varón. Dirigiéndose a Stephen, Elmer dijo: "Si alguna vez te pongo un podo, no va a ser algo afeminado como llaman a ese niño. Te pondría un nombre fuerte, como 'Sam', un nombre de un hombre verdadero". Por alguna razón, el nombre le quedó, y hoy en día, aunque él ya murió, todavía se refiere a la memoria de su hijo como Sam Towns. Él fue engendrado Stephen Richard Towns en 1956, pero llamado "Sam" en 1966. De manera similar, a mí me llamaron el Hijo en mi nacimiento, bautismo, muerte, resurrección y asunción, pero yo fui engendrado como Hijo en la eternidad pasada.

Dos palabras hebreas diferentes para "Hijo" se usan en el Salmo 2: *ben* y *bar*. Cada una tiene su propio significado característico, aunque ambas se usan a lo largo de las Escrituras para identificar al descendiente masculino de un padre. La primera palabra, *ben* (2:7), se refiere a aquello que yo logro; es decir, mi Señorío. Como el primogénito, soy el que construye la casa espiritual de Dios. La segunda palabra, *bar* (2:12), se refiere a aquello que yo recibo como heredero de todas las cosas; es decir, mi legado. La primera se refiere a mi honor; la segunda, a mi herencia.

La palabra "engendrado" enfatiza mi singularidad. Todo el que me recibe por fe es "hijo de Dios", pero no en el mismo sentido en que yo soy el único Hijo engendrado (cf. Juan 1:12). Dios tuvo solamente un Hijo, y Él me envió a ser misionero. A mí me dio la promesa: "Pídeme, y te daré por herencia las naciones, y como posesión tuya los confines de la tierra" (Salmo 2:8).

Esta frase "Hijo unigénito" sucede en otras tres ocasiones en el evangelio de Juan. Juan contempló "gloria como del unigénito del Padre" (1:14), mencionó "el unigénito Hijo, que está en el seno del Padre" (1:18), y más tarde me identificó como "el unigénito Hijo de Dios" (3:18). Mi singularidad está proféticamente aludida en un nombre de nacimiento que me dio Isaías cuando distinguió entre "un niño nos es nacido" y "hijo nos es dado" (Isaías 9:6). Yo tuve una naturaleza humana (un niño nacido) y una naturaleza divina (un hijo dado). Ninguna de las dos naturalezas, en ningún modo, obstaculizó o alteró a la otra. Yo soy el Dios-hombre, una persona con dos naturalezas. "Generación" y "unigénito" son los términos que expresan mejor la relación eterna que existió entre la divina Persona del Padre y yo, la Persona divina.

EL HIJO DE DIOS

El evangelio de Juan se propone principalmente producir fe en el lector, más específicamente, "Pero éstas se han escrito para que creáis que Jesús es el Cristo, el Hijo de Dios, y para que creyendo, tengáis vida en su nombre" (Juan 20:31). Puede ser frustrante cuando escuchas o lees los argumentos de los liberales que mencionan mi uso del nombre "Hijo del Hombre" e insisten en que nunca aseguré ser Dios, sino solo hombre. Es solo cuando entiendes completamente mi humanidad que ves mi deidad. De igual manera, solo cuando ves mi deidad completamente puedes, entonces, ver mi humanidad.

Aunque algunas personas gustan de distinguir entre las expresiones "Dios Hijo" e "Hijo de Dios", la diferencia es más imaginaria que verdadera. La frase "hijo de" era una expresión hebrea común para indicar una relación en la que el "hijo" poseía exactamente la misma naturaleza del padre. Incluso hoy día, el honor más grande que un judío puede recibir es ser reconocido como "un hijo de Israel" por parte del gobierno israelí porque significa que él es, por naturaleza, la personificación del espíritu verdadero de la nación. La expresión "Hijo de Dios", por lo tanto, significa que yo soy, por naturaleza, la personificación de Dios mismo: soy exactamente de la misma esencia que el Padre.

Cuando te refieres a mí como "el Hijo de Dios", no quieres decir que yo soy, en ninguna manera, inferior o menos que Dios Padre. En todo sentido, el nombre "Hijo de Dios" implica que yo soy tanto coigual, como coeterno con el Padre. Esto también sucede en otras formas de este nombre; tales como: "Hijo del Bendito" (Marcos 14:61), "el Hijo del Padre" (2 Juan 3), "el Hijo del Altísimo" (Lucas 1:32), "el Hijo del Dios viviente" (Mateo 16:16) y el "Hijo del Dios Altísimo" (Marcos 5:7).

Mi relación con el Padre no fue algo que yo haya descubierto más tarde en la vida. Cuando tenía doce años, entendí que era el Hijo de Dios y necesitaba estar en los negocios de mi Padre (Lucas 2:49). Esto también fue reafirmado en mi bautismo. Cuando Juan el Bautista me sumergió en el agua, Dios Padre "relampagueó" desde el cielo: "Tú eres mi Hijo amado; en ti tengo complacencia" (Marcos 1:11). Cuando Satanás me tentó, no discutí que yo era ciertamente el Hijo de Dios (Lucas 4:3, 9), Satanás sabía muy bien que yo era el Hijo de Dios.

Más adelante, encontré a una persona endemoniada que me llamó "Hijo del Dios altísimo" (Marcos 5:7). "Dios altísimo" (*El Elyon*) es el nombre de Dios que los demonios usan con más frecuencia. Satanás cayó de su posición exaltada cuando intentó ser como *El Elyon* (Isaías 14:14). Melquisedec usó este nombre para identificar al Poseedor de los cielos y la tierra (Génesis 14:19). El ataque constante de Satanás contra *El Elyon* muchas veces toma la forma de destrucción o tomar posesión de aquello que, por derecho, le corresponde a Dios.

En mi juicio, me acusaron y culparon tanto con insurrección (en los juicios romanos) y blasfemia (en los juicios judíos). El sumo sacerdote me preguntó: "Te conjuro por el Dios viviente, que nos digas si eres tú el Cristo, el Hijo de Dios" (Mateo 26:63). Mientras yo colgaba de la cruz, mis enemigos se burlaban de mí diciendo cosas como: "Si eres Hijo de Dios, desciende de la cruz" (Mateo 27:40); y "Confió en Dios; líbrele ahora si le quiere; porque ha dicho: Soy Hijo de Dios" (Mateo 27:43).

CONCLUSIÓN

No soy solo el Hijo del Hombre, sino también el unigénito Hijo de Dios. Eso es lo que aseguré y enseñé. Siendo así, debes responderme en una de tres maneras. Si mentí sobre mi deidad y lo sabía, entonces mi esfuerzo en engañar fue tal que recibí exactamente lo que merecía. Si creí que era el Hijo de Dios y me engañé a mí mismo, entonces debería ser considerado no un mentiroso, sino más bien, un lunático al nivel de un hombre que piensa que es Napoleón. Si, no obstante, estaba diciendo la verdad; es decir, si realmente soy el Hijo de Dios que aseguré ser, entonces debes reconocerme y adorarme como ningún otro más que el Señor de la vida y verdaderamente Dios. Mi afirmación de ser el Hijo de Dios te da tres alternativas hoy día. Tienes que responder la pregunta persistente de Pilato: "¿Qué, pues, haré de Jesús, llamado el Cristo?" (Mateo 27:22).

PARA DISCUTIR:

1. Darme el título Hijo implica que la primera Persona de la Trinidad es el Padre. ¿Qué te revelan mis nombres de condición de hijo sobre la Trinidad?

2. Existen diecinueve títulos de condición de hijo. ¿Cuáles son los tres predominantes? ¿Por qué?

3. De todos mis nombres, ¿cuál usé con más frecuencia al referirme a mí mismo? ¿Por qué piensas que preferí este nombre?

4. ¿Por qué me llamaban el Hijo unigénito?

5. El título Hijo de Dios te recuerda mi deidad. ¿Puede una persona ser salva aparte de creer en mi deidad? ¿Por qué?

CAPÍTULO NUEVE

MIS NOMBRES DE DEIDAD

Respondiendo Simón Pedro, dijo: Tú eres el Cristo, el Hijo del Dios viviente. (Mateo 16:16)

Varios de mis nombres son comentarios sobre mi carácter, mi naturaleza y mis atributos. Para entender completamente quien soy, debes considerar todos mis nombres; sin embargo, ciertos nombres son fundamentales a mi naturaleza divina. Generalmente, estos nombres aparecen en el contexto de un importante pasaje cristológico de la Escritura o hacen hincapié en algún aspecto o atributo singular de mí o de mi relación con la Deidad. Estos nombres me describen como Dios encarnado, "el Cristo de Dios" (Lucas 9:20).

YO SOY EL VERBO

El apóstol Juan era el único que me llamaba por el título "Verbo". Usando la palabra griega *logos*, Juan escribió: "En el principio era el Verbo, y el Verbo era con Dios, y el Verbo era Dios" (Juan 1:1). También empezó su primera epístola con una variación de este título. Allí, él mencionó "Lo que era desde el principio, lo que hemos oído, lo que hemos visto con nuestros ojos, lo que hemos contemplado, y palparon nuestras manos tocante al Verbo de vida" (1 Juan 1:1). El apóstol también usó una forma del título para describir mi regreso a esta tierra: "Estaba vestido de una ropa teñida en sangre; y su nombre es: EL VERBO DE DIOS" (Apocalipsis 19:13).

Los verbos son indispensables en un idioma. Los usas para comunicar un mensaje. Sin ellos no podrías explicar con precisión lo que quieres decir. Un verbo define o describe la idea que intentas trasladarle a otros. Cuando los judíos usaron la palabra *logos*, pensaron en términos de los libros de sabiduría en el Antiguo Testamento.

Los expertos debaten sobre si Juan tomó prestado el término *logos* de los griegos o de los judíos. Si el término es griego, puede haber muchas implicaciones filosóficas. Si el término es hebreo, Juan podría estar haciendo referencia a la sabiduría de Dios personificada (Proverbios, especialmente los capítulos del 5 al 8). Probablemente, Juan me llama "el Verbo de Dios" porque esta frase se usa más de 1200 veces en el Antiguo Testamento para referirse a la revelación o el mensaje de Dios, como en la frase "el Verbo de Dios se hizo". Yo soy el mensaje que Dios Padre comunicó a la humanidad. Soy la personificación de todo, lo escrito y dicho, que el Verbo del Señor era en el Antiguo Testamento. Por lo tanto, yo soy la expresión, revelación y comunicación del Señor. Soy el Verbo encarnado e inspirado. El listado siguiente resume las ideas principales de la instrucción de Juan con referencia al Verbo:

DIEZ CONCLUSIONES ACERCA DEL VERBO EN JUAN 1:1-18

1. La frase "En el principio" no es una referencia a un punto en el tiempo, sino a la eternidad pasada (1:1).

2. La personalidad del Verbo se evidencia en que es capaz de ser individual.

3. El Verbo tiene una comunicación activa y personal con Dios Padre (1:1-2).

4. Existen dos centros de consciencia, pues yo, el Verbo, era Dios; sin embargo, también estaba "frente a frente" con Dios Padre (1:1).

5. El Verbo tiene la esencia de la deidad (1:1).

6. El Padre y el Verbo son uno (1:1).

7. El Verbo era el Agente por medio del cual Dios se expresó o se reveló a sí mismo (1:18).

8. El Verbo encarnado tiene una continuidad definida con el Verbo preencarnado (1:1, 14).

9. Así como Dios Padre habitó en una tienda, habló en una tienda y se reveló a sí mismo en el tabernáculo del Antiguo Testamento, yo, el Verbo, también habité entre la gente.

10. La encarnación del Verbo es la revelación única de Dios (1:4).

YO SOY EL AMADO

El título "Amado" aparece solamente una vez en la Escritura (Efesios 1:6), aunque muchos pasajes afirman el amor del Padre por mí. Dios me llamó "mi Hijo amado" en mi bautismo (Mateo 3:17), y yo reconocí repetidamente que "el Padre ama al Hijo" (Juan 3:35; 5:20; 17:23). Pablo menciona que tú eres "aceptado en el Amado" (Efesios 1:6). El aspecto particularmente consolador de este título es el contexto en que es revelado. Yo soy el objeto del amor del Padre, y debido a que tú estás en mí, también eres el objeto del amor del Padre.

YO SOY LA IMAGEN DE DIOS

La palabra griega *eikon*, que significa "imagen", se usa dos veces en mis títulos para expresar mi relación singular con Dios Padre. La palabra en sí denota una imagen e incluye las dos ideas de representación y manifestación. Cuando Pablo aseguró que yo soy "la imagen de Dios" (2 Corintios 4:4), él quiso decir que yo era esencial y absolutamente la representación y manifestación o expresión perfecta del Padre. En otro lugar, Pablo alteró ligeramente el título al llamarme: "la imagen del Dios invisible" (Colosenses 1:15). Esto enfatizó que yo soy la representación y manifestación visible de Dios Padre ante los seres creados. Ambos contextos comunican la idea de la perfección en esa imagen.

Un segundo título estrechamente relacionado es "la imagen misma de su sustancia" (Hebreos 1:3). Este es uno de siete enunciados parecidos en los primeros versículos de Hebreos, todos diseñados para demostrar mi superioridad. Varias versiones lo traducen de diferentes maneras: "la expresión exacta de su naturaleza" (LBLA), "la expresión (representación) exacta de su naturaleza" (NBLH), "la fiel imagen de su ser" (NBV), "expresa el carácter mismo de Dios" (NTV), "la imagen perfecta de todo lo que Dios es" (PDT), "la imagen misma de lo que Dios es" (RVC), "es igual en todo a su Padre" (TLA). Esta amplia variedad de traducciones deriva de dos palabras griegas clave en este título.

La primera de estas es la palabra carácter, que está estrechamente relacionada al verbo *charasso*, que significa "cortar, rayar o marcar". Originalmente, esta palabra se refería a un agente usado para marcar, tal como un troquel, y luego, más adelante, a la impresión hecha por un agente para marcar. Es similar a la palabra en español "sello" que primero se refiere al instrumento que imprimió y luego a la impresión misma. Sugiere la idea de una representación exacta de la persona o de la persona misma; es decir, las características o rasgos distintivos por los que se conoce a una persona o cosa (cf. la palabra "características"). Lo que el escritor de Hebreos parece argumentar al utilizar este título es que, así como la cera lleva la impresión del sello que con el que se marca, revelando todos los rasgos dominantes de carácter de dicho sello, incluso así yo llevo la impresión del ser esencial de Dios, revelando todos los atributos de Él.

La segunda palabra en este título es *hypostasis*, que es más un término filosófico que teológico. Etimológicamente, se refiere al sedimento o fundamento bajo un edificio, pero los filósofos griegos llegaron a usarlo para referirse a la esencial o al ser real de una persona que se pensaba que se hallaba bajo la apariencia superficial de la persona. Se refiere a la sustancia de lo que eres. En este contexto, usado aquí con referencia a mí, es un argumento de mi deidad, pues yo soy sustancialmente Dios.

MIS NOMBRES ATRIBUTIVOS

Muchos de mis nombres de carácter pueden ser clasificados como nombres atributivos, pues en su significado se enfocan sobre los varios atributos de Dios. Estos nombres enfatizan dos de las características más prominentes: la santidad y la justicia.

En varios pasajes me llaman el Santo. El hijo que le nacería a María era "el Santo Ser" (Lucas 1:35); más adelante, los apóstoles me llamaron: "tu santo Hijo Jesús" (Hechos 4:30). En varias ocasiones, los apóstoles se referían a mí como "Santo" (Hechos 2:27; 13:36; cf. Salmo 89:18). El pensamiento principal en estas designaciones es el de la consagración o ser apartado únicamente para Dios. Mi santidad es un requerimiento fundamental del sacrificio digno por el pecado. Debido a mi santidad, tú te vuelves santo. Uno de los títulos bíblicos para el cristiano es "santo", lo cual está conectado en pensamiento a la idea de santidad.

La justicia también es un rasgo en varios de mis nombres y títulos. Me llaman "el justo" (1 Juan 2:1), "renuevo justo" (Jeremías 23:5), "el Señor es justo" (Salmo 11:7, LBLA), "el Justo, mi Siervo" (Isaías 53:11), "el Juez justo" (2 Timoteo 4:8), "hombre justo" (Lucas 23:47), "justificación

(1 Corintios 1:30), y "la justicia de Dios" (Romanos 10:3). Así como la santidad se refiere principalmente a mi carácter, de la misma manera la justicia se refiere principalmente a mi conducta. Estos dos títulos están estrechamente relacionados porque es imposible ser justo sin ser santo. Mi justicia es una expresión de mi santidad de la misma manera en que la justicia es la expresión espontánea del santo.

Mi santidad y mi justicia se expresan mejor en que no tengo pecado. No tener pecado es como una silla de cuatro patas, porque hay cuatro escrituras que afirman que yo "no conocí pecado" (2 Corintios 5:21), "no hizo pecado" (1 Pedro 2:22), "sin pecado" (Hebreos 4:15), y no se le pudo redargüir de pecado (Juan 8:46). Así como una silla de cuatro patas es la más segura para sentarse, estos cuatro enunciados sirven para afirmar mi perfección sin pecado.

NOMBRES PRIORITARIOS

Varios de mis nombres y títulos pueden considerarse "nombres prioritarios", pues enfatizan mi prioridad ya sea en mi Persona o en mis logros. El apóstol Pablo enfatizó este concepto cuando mencionó: "que en todo tenga la preeminencia" (Colosenses 1:18). Cada uno de los nombres siguientes se refieren a mí en este sentido.

Me llaman "mi escogido" (Isaías 42:1) o "el escogido de Dios" (Lucas 23:35). Esta título enfatiza mi prioridad como el Siervo del Señor asignado de manera singular. Cuando tú tienes un trabajo que debe terminarse, muchas veces pasarás tiempo buscando por la persona mejor calificada para cumplir con la tarea. Mientras más grande es el trabajo, más diligentemente buscas a la persona más capaz y calificada disponible. Quieres estar seguro de que el elegido sea lo que mejor que encuentras. Cuando Dios procuró redimir al mundo perdido, solo yo califiqué para completar esa responsabilidad exitosamente, y Dios Padre me eligió para hacerla. Cuando los que se burlaban al pie de la cruz gritándome "el escogido de Dios" (Lucas 23:35), sin duda, estaban añadiendo insultos a mi sufrimiento.

En realidad, era un recordatorio para mí, quien en cualquier momento pudo haber llamado legiones de ángeles para que me libertaran y destruyeran a mis enemigos, de que yo era el Elegido de Dios, escogido para completar una tarea específica, en la que estaba involucrado en ese momento.

Varios de mis títulos incluyen las palabras: "el primogénito" (Hebreos 12:23). Yo soy "el primogénito de muchos hermanos" (Romanos 8:29), "el primogénito de los muertos" (Apocalipsis 1:5, "el primero en resucitar", en DHH), "el primogénito de toda creación" (Colosenses 1:15), y el "hijo primogénito" (Lucas 2:7). El énfasis de la palabra griega *prototokos*, traducido "primogénito" en la Escritura, es mi prioridad en las relaciones. Cuando se refiere a mí, afirma mi prioridad con el Padre y mi preeminencia sobre toda la creación. No implica la idea de que primero existí yo en algún punto del tiempo, sino más bien, se usa en el sentido de que yo tenía una posición de cierta superioridad (cf. Éxodo 4:22; Deuteronomio 21:16-17).

Otro de mis nombres prioritarios se relaciona al concepto de las primicias (Romanos 11:16; 1 Corintios 15:20). La palabra griega *aparche* se relaciona estrechamente al verbo *aparchomai*, que significa *"hacer un comienzo"*, y se usaba normalmente en la Escritura en el contexto de la ofrenda de la primera parte de la cosecha. Como mi título, es una garantía de tu resurrección conforme a mi resurrección. De la misma manera en que las primicias de la cosecha le aseguran al granjero que habrá más, así mi resurrección de asegura tu futura resurrección.

YO SOY EL CRISTO DE TU PASCUA

El apóstol Pablo instó a la iglesia de Corinto a lidiar con el pecado en su vida personal y corporativa, diciendo: "Limpiaos, pues, de la vieja levadura, para que seáis nueva masa, sin levadura como sois; porque nuestra pascua, que es Cristo, ya fue sacrificada por nosotros" (1 Corintios 5:7). Aunque soy el cumplimiento de todas las celebraciones y los sacrificios típicos de Israel, la necesidad de una santidad personal en Corinto hizo que el apóstol seleccionara la pascua y aplicara esta palabra a mí.

La fiesta de la pascua se llamó así debido a la promesa del Padre que acompañó su primera práctica: "Y la sangre os será por señal en las casas donde vosotros estéis; y veré la sangre y pasaré de vosotros, y no habrá en vosotros plaga de mortandad cuando hiera la tierra de Egipto" (Éxodo 12:13). El final de las diez plagas en la tierra de Egipto incluía la muerte del hijo primogénito en cada hogar. A Israel se le instruyó matar un cordero como un sacrificio substituto y aplicar esa sangre en los dinteles de la puerta de cada casa. A la media noche "no había casa donde no hubiese un muerto" (Éxodo 12:30). En los hogares manchados con sangre, el cordero estaba muerto. En los hogares donde no había manchas de sangre, el hijo primogénito de la familia estaba muerto.

El pecado es destructivo y merecedor de la sentencia de muerte, pero yo, tu Pascua, he muerto en tu lugar. Debido a esto, no tuviste que pagar las consecuencias inevitables del pecado. Sin embargo, cuando entiendes mi título y la obra que enfatiza, tu respuesta natural es examinarte y empezar el proceso de limpiarte a ti mismo de las actitudes y hábitos pecaminosos que son parte de tu ser. Para llevar a cabo esta respuesta en ti, te he dado al Espíritu Santo. El hecho de que algunas cosas que están mal en tu vida aún te molesten es una evidencia de la obra del Espíritu Santo recordándote la naturaleza real del pecado.

YO SOY EL ALFA Y EL OMEGA

Es imposible que un idioma finito pueda describir exhaustivamente el significado de mi Persona y mi obra en un solo título o nombre; sin embargo, si hay uno que se acerca, es el título "Alfa y Omega" (Apocalipsis 1:8). Otros dos títulos relacionados son "el primero y el último" (Apocalipsis 1:17) y "el principio y el fin" (Apocalipsis 1:8). Estos nombres son relevantes, no tanto por lo que significan, sino por lo que implican. Alfa es la primera letra o el principio del alfabeto griego. Omega es la última o el final de este. La expresión, sin embargo, no debería estar limitada literalmente solo a la primera y a la última letra del alfabeto, ya que las expresiones se usaron mucho, de la misma manera que hoy en día se habla de "todo desde la A la Z".

Yo soy todo desde lo primero a lo último, del principio hasta el fin, de alfa a omega, A la Z. Yo soy, como lo dijo el apóstol: "el todo en todos" (Colosenses 3:11). Estos títulos relacionados sirven para enfatizar mi inagotabilidad. ¿Qué significo yo para ti? Quizás has atravesado una experiencia particular en la que yo suplí una necesidad inusual en tu vida. Incluso si no puedes encontrar un nombre o título específico en la Escritura para expresar adecuadamente lo que te pasó, eso está cubierto bajo esas expresiones. Antes de seguir con este libro, haz una pausa nuevamente y vuelve a ver lo que has leído y revisa cada uno de mis más de 700 nombres en la Escritura. Yo soy todo eso y más. Un nombre no puede expresar todo lo que soy, y más de 700 nombres no pueden agotar mi descripción.

CONCLUSIÓN

El día que Pedro afirmó que yo era el Cristo de Dios, él probablemente no entendía todo lo que estaba involucrado en mi carácter. Yo estoy relacionado de manera singular con mi Padre como el Amado y el Verbo eterno, quien estaba frente a frente con Dios en la eternidad pasada. Yo soy Aquel cuyos nombres sugieren los mismos atributos de Dios. Soy quien tiene la preeminencia en todas las cosas y la prioridad ante todo. Soy Dios mismo, la imagen expresa de la Persona del Padre, y la imagen visible del Dios invisible.

Sin embargo, en la experiencia del creyente, soy incluso más que eso. Soy Cristo, tu Pascua, Aquel que murió en tu lugar para redimirte de la infección del pecado. De hecho, soy todo para el hijo de Dios. Soy el Alfa y la Omega, el Primero y el Último, el Principio y el Final, y todo lo que hay en medio.

PARA DISCUTIR

1. ¿Por qué me llaman el Verbo? ¿Qué indica esto sobre mi carácter y mi obra?

2. ¿Qué significa "aceptado en el amado" (Efesios 1:6)?

3. Como la Imagen de Dios, ¿qué reflejo? ¿Cómo se relaciona este nombre con los creyentes?

4. Varios de mis nombres provienen de mis atributos de Dios. Discute cómo cada uno de estos nombres refleja un aspecto diferente de la naturaleza de Dios.

5. ¿El título Primogénito implica que yo empecé a existir en algún punto del tiempo? ¿Por qué?

6. Como la Pascua, ¿qué hago en favor del creyente?

7. Soy el Alfa y la Omega. ¿Soy el principio y el final de qué? A la luz de esta verdad, ¿cómo deberías ver tus pruebas y dificultades?

CAPÍTULO 10

MIS TÍTULOS RELACIONADOS CON "JEHOVÁ"

Jesús les dijo: De cierto, de cierto os digo: Antes que Abraham fuese, yo soy. (Juan 8:58).

La Biblia registra muchos enunciados relacionados a mi deidad, pero tal vez ninguno era tan impresionante para la iglesia primitiva como los que me identificaban con Jehová en el Antiguo Testamento. Aunque el nombre "Jehová" se usó antes del tiempo de Moisés, no fue sino hasta entonces que yo revelé la singularidad de mi significado (Éxodo 6:3). Jehová fue mi nombre del pacto en el Antiguo Testamento y una forma del verbo "ser o estar" repetido dos veces. Cuando Moisés sostuvo que él no conocía mi nombre, yo lo revelé como "YO SOY EL QUE SOY" (Éxodo 3:14). El nombre Jehová es el YO SOY. Este nombre está impreso en La Biblia de las Américas por el título "SEÑOR", donde todas las cinco letras están en mayúscula.

"Jehová" era mi nombre más respetado en el Antiguo Testamento. Cuando algunos escribas estaban copiando las Escrituras y llegaban a este nombre, debían cambiarse la ropa y encontrar una pluma y tinta nuevas para escribir el nombre. Ellos se rehusaban incluso a pronunciar el nombre mientras leían las Escrituras; lo substituyeron por *Adonai*. Como un resultado de esta expresión de reverencia equivocada, ha surgido un debate considerable sobre la pronunciación real del nombre. Aunque la mayoría de los teólogos conservadores argumenta que debería pronunciarse Je-ho-vá, muchos maestros liberales argumentan que debería pronunciarse Yah-weh. Es imposible resolver este debate ahora, en un tiempo en que el nombre ha permanecido sin pronunciarse durante generaciones. Incluso, si el idioma hebreo incluyera vocales, la tarea de decidir sobre cómo pronunciar este nombre sería difícil. Los dialectos cambian dentro de los idiomas a lo largo de años de uso, así que la misma palabra pronunciada de una forma hoy día, podría sonar totalmente diferente dentro de doscientos años. Si no conoces la historia de la región, te sería difícil creer que los colonizadores originales de la parte sureste de los Estados Unidos hablaban inglés con un fuerte acento británico. A lo largo de los años y las generaciones desde la colonización, han desarrollado su propio dialecto único del inglés. Seguramente, lo mismo sucedió con el idioma hebreo después de un largo periodo.

Usé la expresión "Yo soy" en ocho contextos en el evangelio de Juan revelando algo sobre mi carácter como Jehová. Las palabras griegas que Juan usó en esas ocasiones, *ego eimi*, llaman enfáticamente la atención a su significado. El listado siguiente identifica los ocho contextos en los que me llamé a mí mismo "YO SOY" y es el grupo de nombres que este capítulo discute:

MIS NOMBRES RELACIONADOS CON JEHOVÁ EN EL EVANGELIO DE JUAN

1. YO SOY el Pan de vida . . . . Juan 6:35

2. YO SOY la Luz del mundo . . . . Juan 8:12

3. YO SOY la Puerta . . . . Juan 10:9

4. YO SOY el Buen Pastor . . . . Juan 10:11

5. YO SOY la Resurrección y la Vida. . . . . Juan 11:25

6. YO SOY el Camino, la Verdad y la Vida . . . . Juan 14:6

7. YO SOY la Vid Verdadera . . . . Juan 15:1, 5

8. YO SOY . . . YO SOY . . . . Juan 4:26; 8:58; 18:5,6,8

YO SOY EL PAN DE VIDA

Los judíos creían ampliamente que reconocerían al Mesías porque yo iba a encontrar el arca del pacto perdida, que Jeremías escondió y a mostrarles el frasco de maná que estaba oculto allí dentro. De ahí que el Mesías sería identificado con el maná o el pan. Además, los judíos pensaron que ser un Profeta como Moisés (Deuteronomio 18:15) significaba que yo les mostraría el pan del cielo. Un dicho rabínico declaraba: "Tal como fue el primer redentor, así también el último redentor; así como el primer redentor hizo que el maná cayera del cielo, así el segundo redentor hará caer maná". Es más, los judíos pensaban que el maná sería la comida del reino de Dios. En la mente judía, el maná emocionaba las expectativas mesiánicas.

A la luz de este contexto cultural, no es de sorprenderse que aquellos que un día estuvieron listos para declarar que yo era el Mesías, al día siguiente traerían a colación el tema del maná (Juan 6:30-31, 34). En respuesta, yo me identifiqué como el maná cuando dije: "Yo soy el pan de vida" (Juan 6:35). En el discurso en que revelé esté título relacionado con Jehová, expliqué que yo era el pan de la vida eterna (Juan 6:32-34), el pan de la vida satisfactoria (Juan 6:35-36), el pan de la vida resucitada (Juan 6:37-47) y el pan de la vida interior (Juan 6:48-59).

Así como una persona come pan para sustentar su vida física, de igual manera el cristiano debe "comer" del Pan de vida para sustentar su vida espiritual. Cuando aborté el tema del Pan de vida, usé dos verbos distintos para la palabra comer, mostrando dos respuestas al pan. Primero, usé el verbo *phagein*, siempre en un tiempo aoristo y con referencia a la vida eterna (Juan 6:50-53). Cuando una persona me recibe como su Salvador, ella está, en este contexto, "comiendo su carne". Esto es una referencia a la salvación "de una vez por todas". El segundo verbo, *trogon* (comer), está en un participio activo y presente, lo que enfatiza una alimentación continua o habitual. Se usaba al hablar de masticar fruta, vegetales o cereales. El cambio en el tiempo gramatical que acompaña el cambio en el verbo enfatiza la satisfacción constante de un apetito espiritual a través de masticar permanente o habitualmente el pan de vida (Juan 6:54, 56-58). Si el primer acto de comer "una vez por todas" habla de tu salvación, el segundo se refiere a un masticar constante en comunión ininterrumpida conmigo.

YO SOY LA LUZ DEL MUNDO

En varias ocasiones, los líderes religiosos en Jerusalén trataron de destruirme. Uno de los intentos involucraba llevarme a una mujer sorprendida en adulterio y pedirme que la juzgara. Esto creó para mí lo que ellos consideraban que era una situación imposible. Si yo la condenaba, tal como lo demandaba la ley, la gente se decepcionaría y dejaría de seguirme. Si yo no respetaba la ley, era culpable de enseñar lo opuesto a Moisés y podía ser expulsado de la sinagoga y apedreado por blasfemia. Defendí la ley en su espíritu verdadero redarguyendo a los acusadores de la mujer y brindándole salvación a la culpable. Al mismo tiempo, incrementé mi ya creciente popularidad con la gente.

Inmediatamente después de ese accidente, anuncié: "Yo soy la luz del mundo" (Juan 8:12). Esa declaración sencilla tenía un significado muy rico en el contexto en el que sucedió en este evangelio. Yo lo expresé en el atrio de las mujeres, donde había estado enseñando. En ese lugar, estaban localizados los cuatro candelabros de oro, cada uno con su cuenco de oro. Como parte de la celebración de la semana anterior, la fiesta de los Tabernáculos, habían llenado estos cuencos con aceite y los habían encendido. Los observadores contemporáneos afirmaban que la luz era tan brillante que iluminaba toda la ciudad de Jerusalén. Aquellos que estaban reunidos a mi alrededor esa mañana sin duda aún recordaban el espectáculo de la noche anterior.

Al llamarme a mí mismo "la luz del mundo", pude haber estado haciendo alusión a la nube/columna de fuego que guio a Israel a través del desierto. La iluminación ceremonial de un templo le recordaba esa columna al pueblo. La mayoría de los judíos habrían considerado este fenómeno una teofanía, una manifestación de Dios mismo. Si yo estaba pensando en este trasfondo, entonces que yo dijera ser la Luz del mundo es un título claro de la deidad.

También pude haber estado refiriéndome a la salida del sol. Había empezado a enseñar muy temprano en la mañana; es decir, justo antes de la salida del sol (Juan 8:2). Para cuando dije esto, el sol estaba brillando en el horizonte. Debido a lo montañoso del terreno, la salida del sol en Palestina es repentina y espectacular. En una hora, el grado de luz cambia de lo más obscuro de la noche al brillo de la mañana. Fue este amanecer único lo que hizo que David comparara el sol a "un novio saliendo de la habitación nupcial" (Salmo 19:5, DHH).

Otro contexto posible para entender mejor mi enunciado sobre ser la luz del mundo es que las profecías del Antiguo Testamento asociaban la venida del Mesías con la luz. En el día previo, los colegas de Nicodemo en el Sanedrín lo habían reprendido diciendo: "Escudriña y ve que de Galilea nunca se ha levantado profeta" (Juan 7:52). Me llamé a mí mismo "la luz del mundo" para recordarles a estos líderes judíos profecías muy importantes que parecían haber olvidado (Isaías 9:1; 42:6; 49:6; 60:1-3; Malaquías 4:2). Estas profecías nombraban específicamente a Galilea como el lugar donde la luz mesiánica brillaría particularmente.

Otro contexto clarifica el sentido en el que solo yo soy la Luz del mundo. Soy la luz que repele al pecador que no se arrepiente de su pecado, pero, que al mismo tiempo, atrae a otros pecadores que sí se arrepentirán. En la confrontación previa a esta declaración, hablé de llevar convicción a los líderes judíos pretenciosos que habían procurado explotar a la mujer sorprendida en adulterio. La palabra que Juan usa en este contexto para "convicción" es *elegchomenoi*, que significa literalmente "traer a la luz y exponer" (Juan 8:9). Describe el acto de sostener una carta contra una lámpara para leer su contenido. Yo soy la Luz del mundo en el sentido de que sostengo la vida de las personas contra la luz para exponer el pecado escondido en sus interior. Cuando yo redarguyo a los hombres que no están dispuestos a arrepentirse, ellos no pueden permanecer en la luz de mi presencia. Muchas personas hoy día están tratando de huir de Dios porque están convencidas de algún pecado del que no quieren arrepentirse.

Yo soy la Luz del mundo, y una de las funciones principales de la luz es brillar para revelar lo que de otra forma permanecería oculto. Yo resplandezco para revelarme a mí mismo (Juan 8;12-20), al Padre (Juan 8:21-27), y a la cruz (Juan 8:28-30). Yo no solo expongo el pecado escondido del hombre, sino que le muestro cómo puede resolverse finalmente el problema del pecado. Yo soy la luz en un mundo de tiniebla moral.

YO SOY LA PUERTA

Cuando me identifiqué como la Puerta, me estaba comparando al propósito o función de una puerta (Juan 10:9). Una puerta era el medio por donde entraban las ovejas al aprisco. Por aplicación, yo soy la puerta al aprisco de la salvación. En este contexto, enfatizo mi exclusividad como Salvador al usar el artículo "la" y al identificar la salvación exclusivamente con entrar en el aprisco a través de dicha puerta. La expresión griega *di'emou* ("por mí") se presenta como una posición enfática para identificar claramente la puerta por la que los individuos pueden hallar la salvación.

Existen, por lo menos, tres aplicaciones específicas en la vida cristiana de este título en particular. "Yo soy la puerta; el que por mí entrare, será salvo; y entrará, y saldrá, y hallará pastos" (Juan 10:9). Primero, Yo la Puerta, proveo salvación cuando tú entras. Segundo, tienes libertad para entrar y salir: entrar, para salvación, y salir, para servir. Tercero, hallarás alimento espiritual en mí.

YO SOY EL BUEN PASTOR

Dos veces me identifiqué como "el buen pastor" (Juan 10:11, 14). Al hacerlo, usé la palabra griega *kalos*, "para bien", que conlleva ciertas alusiones morales. En el griego clásico, estas palabras se usaban para describir aquello que era hermoso, útil, propicio, noble, íntegro, competente y moralmente bueno. Sería correcto usar cualquiera o todos estos adjetivos para describirme a mí, el Buen Pastor. Esta palabra enfatiza mi bondad esencial como el Pastor que, ya que es evidente para el observador, resulta en mi ser admirado, respetado y amado por los demás.

Muchos comentaristas creen que este título es una referencia de Jehová Rohi en el Salmo 23. El énfasis primario del título, sin embargo, es mi (Pastor) dando mi vida por mis ovejas y, por lo tanto, probablemente se entiende mejor en el contexto del Salmo 22. El título "Pastor" era un nombre eclesiástico, pues la Escritura ocasionalmente identifica a la iglesia como el rebaño de Dios (1 Pedro 5:2).

YO SOY LA RESURRECCIÓN Y LA VIDA

Cuando me reuní con Marta, justo antes de resucitar a su hermano, Lázaro, introduje otro de mis nombres relacionados con Jehová. "Le dijo Jesús: Yo soy la resurrección y la vida; el que cree en mí, aunque esté muerto, vivirá. Y todo aquel que vive y cree en mí, no morirá eternamente" (Juan 11:25,26). Marta había expresado su fe en la resurrección como un principio, pero yo le revelé que la resurrección era una Persona, y esa Persona era yo. Uno de mis títulos es "Vida", y yo soy la resurrección porque soy la vida en su sentido más completo.

Este título conlleva una promesa de dos partes para el creyente. Primero, aquellos que han experimentado la muerte física resucitarán para inmortalidad. Segundo, nadie que haya creído será lastimado en la segunda muerte. Aunque escuchas comúnmente este título "Vida" en los funerales, donde se repiten estas promesas, tales promesas son condicionales, y este nombre tiene significado y beneficia solamente para aquellos que creen.

YO SOY EL CAMINO, LA VERDAD Y LA VIDA

Junto con mis discípulos, en la última noche antes del final de mi vida en la tierra, yo revelé dos títulos adicionales relacionados con Jehová. El primero de estos es "el camino, la verdad y la vida" (Juan 14:6). La palabra griega *hados* significa literalmente "camino" o "carretera". En el contexto del lenguaje de un viaje, yo soy la carretera al cielo. Es más, soy la única carretera al cielo. El Nuevo Testamento enseña consistentemente una exclusividad respecto a mí como el único Salvador. Yo aseguré ser el único Salvador (Juan 14:6), y los discípulos también lo reconocieron (Hechos 4:12). Esta descripción mía era muy característica de la naturaleza del cristianismo del Nuevo Testamento que a mis seguidores se les describía como los "del camino" o "este camino" (Hechos 9:2; 19:23; 22:4; 24:14,22).

Yo no solo era el camino, sino también la verdad en su naturaleza más absoluta. Soy la fuente y el estándar de la verdad. Esto era importante para los judíos. Una leyenda judía relata que un grupo de rabinos estaba orando para determinar la naturaleza esencial de Dios cuando Dios envío un rollo desde el cielo con la primera, la del medio y la última letras del alfabeto hebreo. Estas deletreaban la palabra hebrea para "verdad". Aunque no hay duda de que la historia sea ficticia, sí sirve para ilustrar la importancia de la verdad para los judíos, especialmente como un atributo de Dios.

Yo soy la vida. Soy único entre los hombres en el hecho de que tengo vida en mí mismo. Soy descrito en el contexto de mi resurrección como un espíritu "que aviva" o que da vida (1 Corintios 15:45). La vida es fundamental para mi ser y está descrita al principio del cuarto evangelio como la vida que era la luz de todos los hombres (Juan 1:4).

YO SOY LA VID VERDADERA

El segundo título relacionado con Jehová que revelé esa noche en el Aposento alto fue "Yo soy la Vid" (Juan 15:1, 5). Los viñedos abundaban tanto en Israel que la vid se convirtió en un símbolo nacional. Una vid de oro fue gravada sobre el área de la puerta del templo, y se usó en las monedas acuñadas durante la Revuelta de los Macabeos. A lo largo del Antiguo Testamento, se ha usado una vid para describir a la nación (Salmo 80:8; Isaías 5:1-7; Jeremías 2:21; Ezequiel 15; 19:10; Oseas 10:1). Cuando me llamé a mí mismo la vid verdadera, estaba sacando un paralelo entre Israel y yo.

La palabra griega *alethine*, que significa "verdadero", se usa repetidamente en el evangelio de Juan para distinguir la realidad de mi existencia y mi autenticidad en contraste a lo falso e irreal. Aunque en el Antiguo Testamento hablé muchas veces de Israel como la vid, la imagen siempre aparece en un sentido negativo. En contraste, yo soy la vid verdadera o auténtica, una vid a la que el agricultor atiende y poda cuidadosamente y que se caracteriza por fructificar consistentemente. Israel nunca fue una vid como esta; la nación era una vid falsa que producía uvas agrias.

YO SOY... YO SOY

La expresión griega *ego eimi*, "YO SOY" se usa en el contexto de cada una de mis aseveraciones previas de mis nombres relacionados con Jehová. Usar el verbo *eimi* habría sido suficiente si yo hubiera querido solo presentar un paralelo entre algo más y yo, pero la adición de *ego* a esta expresión atrae la atención al énfasis. En varias ocasiones, usé la expresión "YO SOY", que incluye "Yo" como un sujeto enfático y un verbo, pero no suple un predicativo (cf. Juan 4:26; 8:58; 18:5,6, 8). Esto no es un error de mi parte en completar una oración, sino, más bien, una afirmación de que yo soy Jehová (cf. Éxodo 3:14). En al menos una ocasión, fui malentendido por quienes lo escucharon bajo esta luz, pues respondieron recogiendo piedras para matarme por blasfemia (Juan 8:58-59). En otra ocasión, expresar "YO SOY" fue acompañado aparentemente por una revelación de mi gloria, lo que causó que los soldados que habían llegado a arrestarme cayeran de espaldas bajo mi poder (Juan

18:5-8). Usé esta expresión no solo para afirmar mis declaraciones de ser *como* Jehová, sino para demostrar que yo *era* Jehová.

CONCLUSIÓN

Yo soy el Jehová del Antiguo Testamento. Por lo tanto todos los nombres de Jehová en el Antiguo Testamento pueden aplicarse legítimamente a mí (mira el apéndice). Soy el contemporáneo eterno que suple cada una de tus necesidades. G. Campbell Morgan sugirió una vez que podrías entender experimentalmente mejor el nombre de Jehová, YO SOY, si el verbo "ser o estar" fuera traducido "convertirse". El significado de este nombre es que Jehová (yo) es y se convertirá exactamente en lo que necesites cuando sientas esa necesidad. En este sentido, es un nombre mío intensamente personal y subjetivo. ¿En qué me he convertido recientemente para ti?

PARA DISCUTIR

1. ¿Qué es lo importante sobre los YO SOY de los ocho títulos relacionados con Jehová? ¿Cómo reflejan mi deidad?

2. ¿Cuál es el propósito del pan? ¿Cómo cumplo este propósito para los creyentes?

3. ¿Qué quise decir cuando me describí como luz?

4. Relaciona la función de una puerta con mi ministerio. ¿Qué significa entrar y salir?

5. ¿En qué forma soy un buen pastor?

6. ¿Qué doble promesa se extiende a causa de mi título de Resurrección y Vida?

7. Cuando dije: "YO SOY   YO SOY" ¿qué implicaba? ¿Qué sabes de mí a causa de estos títulos relacionados con Jehová?

CAPÍTULO ONCE

MIS NOMBRES ECLESIÁSTICOS

Y yo también te digo, que tú eres Pedro, y sobre esta roca edificaré mi iglesia; y las puertas del Hades no prevalecerán contra ella. (Mateo 16:18)

Varios de mis nombres se concentran en mi relación singular con la iglesia. La iglesia se describe con muchas metáforas, tales como: un cuerpo, un rebaño, una novia, un templo o edificio y un jardín o viña. En esta conexión, yo soy la Cabeza del cuerpo, el Pastor de las ovejas, el Novio de la novia, la Piedra angular y el Maestro constructor del edificio, y la Vid que da vida a los pámpanos.

YO SOY LA CABEZA DEL CUERPO

Una de las imágenes comunes de la iglesia, particularmente en las epístolas de Pablo, es el cuerpo de creyentes. La palabra "cuerpo" es la clave en 1 Corintios 12, donde el apóstol procura resolver problemas en Corinto relacionados a los dones espirituales. El tema de la epístola a los Efesios es la iglesia como mi cuerpo (Efesios 5:23). En la epístola a los colosenses, probablemente escrita al mismo tiempo que la de Efesios, el tema de Pablo es presentarme como la Cabeza del cuerpo (Colosenses 1:18).

El "cuerpo" es el símbolo de la iglesia mejor conocido y más usado en la Escritura. Cuando Pablo me llamó "la Cabeza del cuerpo", él enfatizó mi autoridad en mi iglesia y sobre ella. Era un recordatorio de mi peculiaridad y supremacía. Para comprender este nombre completamente, debes entender cómo el apóstol usó la palabra "cuerpo" para describir a la iglesia.

La palabra griega *soma*, "cuerpo", se usa en varias formas en el Nuevo Testamento. En muchas ocasiones, se refiere al cuerpo físico (cf. Romanos 1:24; 1 Corintios 5:3; Gálatas 6:17; 1 Tesalonicenses 5:23); sin embargo, Pablo también usa esta palabra para identificar la personalidad completa de un hombre, no solo su ser físico (cf. Romanos 12:1; 1 Corintios 13:3,

9:27; Filipenses 1:20). Es interesante observar que Pablo nunca usa esta palabra para describir a un cuerpo muerto como es común en la versión Griega Clásica y en la Septuaginta.

Dentro de este contexto, la iglesia es un organismo vivo, el cuerpo de Cristo. Una iglesia local tiene una personalidad e identidad que está íntimamente relacionada conmigo, su Cabeza. La iglesia es una entidad viva dentro de la que yo habito. Aunque debes ser muy cuidadoso de no hacer a la iglesia más autoritaria que las Escrituras (como es común en la tradición católica), es importante que reconozcas la realidad viva de la iglesia como mi cuerpo.

Si la iglesia es mi cuerpo, entonces yo soy su cabeza (Colosenses 1:18; 2:19; Efesios 1:22-23; 4:15; 5:23). Ya que la cabeza es el centro determinante del ser físico de uno, entonces, yo soy autoritario en la iglesia. No construyo mi iglesia independiente de mi cuerpo, sino que dirijo y controlo las acciones de cada músculo, órgano y nervio para que se cumpla mi voluntad. Parte del misterio de este nombre es que yo, que soy omnipotente, deba voluntariamente optar por limitarme a mí mismo a trabajar a través de seres humanos que, aunque son miembros de mi cuerpo, retienen una voluntad independiente por medio de la cual ellos puede, y lo hacen con mucha frecuencia, negarse a las directrices de la cabeza.

El que me llamen "la cabeza del cuerpo" implica varias verdades concernientes a mi relación con la iglesia. Primero, significa que mis propósitos no pueden frustrarse; yo tengo el máximo control. Incluso si una parte del cuerpo es rebelde y no responde a mis directrices, otra parte responderá. Segundo, sugiere que ningún miembro individual dentro de ese cuerpo puede ser la cabeza orgánica de este. Los intentos para lograrlo serán frustrados, como en el caso de Diótrefes "al cual le gusta tener el primer lugar entre ellos" (3 Juan 1:9). El lugar de preeminencia en la iglesia me pertenece solo a mí. "Y él es la cabeza del cuerpo que es la iglesia, él que es el principio, el primogénito de entre los muertos, para que en todo tenga la preeminencia" (Colosenses 1:18).

La implicación práctica de este título se relaciona a tu sumisión a mí, como la cabeza del cuerpo. Yo demando tu obediencia a mi voluntad y tu adoración reverente a mi Persona. Cualquier otra cosa no es suficiente para tu conocimiento personal de mí como la Cabeza del cuerpo.

YO SOY EL PASTOR DE LAS OVEJAS

La Escritura se refiere frecuentemente a la iglesia como el rebaño de Dios, y por lo tanto no es de sorprenderse que yo deba portar el título "Pastor". Al ver a las multitudes de personas, las veo como "desamparadas y dispersas como ovejas que no tienen pastor" (Mateo 9:36). Yo fui el Buen Pastor en mi muerte (Juan 10:11; Salmo 22), el Gran Pastor en mi resurrección (Hebreos 13:20; Salmo 23) y el Príncipe de los pastores en mi regreso a la tierra (1 Pedro 5:4; Salmo 24). A diferencia de un jornalero, cuya preocupación principal es sí mismo, yo cuido a mis ovejas. He confiado el cuidado de partes de mi rebaño a otros llamados "pastores", o más literalmente "pastor de ovejas". Como el Pastor, soy el modelo para los pastores que cuidan a mi rebaño. El título "pastor" también era uno de mis nombres relacionados a Jehová en el evangelio de Juan.

YO SOY EL ESPOSO DE LA ESPOSA

Cuando Juan el Bautista se volvió el primero en llamarme "el novio" (Juan 3:29), el término ya tenía un significado muy rico. El Antiguo Testamento describía frecuentemente a Israel como la esposa del Señor (Isaías 54:6; Jeremías 31:32; Oseas 2:1-23). Como mencionó Juan el Bautista en esa ocasión: "El que tiene la esposa, es el esposo" (Juan 3:29). Esté título tendría un significado especial en el Nuevo Testamento, no para Israel como la esposa de Dios, sino más bien, para la iglesia, que es mi prometida. La relación entre la novia y el Novio se enseña más completamente en un pasaje donde el apóstol Pablo aborda varios principios de vivir en familia (Efesios 5:25-27). Estos versículos enfatizan que yo amo a la iglesia, me entregué por ella, tengo el propósito de santificarla y limpiarla por medio de la Palabra de Dios y prometo tomarla para mí como una novia perfeccionada. Mi trabajo empezó en la eternidad pasada, cuando determiné morir por ella debido a mi amor por ella y será consumado en la nueva Jerusalén, cuando junto con Juan veas "la santa ciudad, la nueva Jerusalén, descender del cielo, de Dios, dispuesta como una esposa ataviada para su marido" (Apocalipsis 21:2).

La imagen de la novia y del novio sirve para enfatizar la necesidad de un crecimiento de la iglesia cualitativo o espiritual; es decir, crecimiento en tu amor por mí. La iglesia fue "desposada" para mí por medio de los apóstoles (2 Corintios 11:2) y debe acercarse más a mí durante el periodo de "compromiso" de esta época presente. Desafortunadamente, la historia de la iglesia profesante sugiere que ella ha sido infiel a su Novio como Israel le fue infiel a su Esposo.

SOY LA PIEDRA ANGULAR Y EL CIMIENTO DEL EDIFICIO

En la Escritura, me llaman "piedra" o "roca" con tres significados diferentes. Para Israel soy una piedra de "tropiezo" o una "roca de ofensa" (Isaías 8:14,15; Romanos 9:32,33; 1 Corintios 1:23; 1 Pedro 2:8). Para el mundo soy la piedra de destrucción, la que destruirá los reinos del anticristo en el mundo (Daniel 2:34). Sin embargo, para la iglesia, a la que estoy construyendo, soy la piedra angular. "La piedra que los edificadores desecharon, ha venido a ser la cabeza del ángulo" (1 Pedro 2:7).

Para el cristiano de hoy día, una parte de la importancia de este título se ha perdido debido a los cambios en el diseño arquitectónico a lo largo de los siglos. La palabra griega *lithos*, "piedra", se usaba para las piedras comunes que se hallaban en el suelo. Era común en la construcción de edificios en el primer siglo apoyar al edificio sobre sí mismo. Esto significaba que una parte de la estructura tendría una cantidad de presión mayor sobre ella que el resto de la estructura. A lo largo de los años, los materiales utilizados en esta área se desgastaban más rápido. Para compensar, los constructores buscaban una piedra dura del campo donde pudiera apoyarse la estructura. Llegó a conocerse como la piedra angular y era parte del edificio sobre la cual dependía totalmente el resto de la estructura.

Cuando los apóstoles me llamaron la "Piedra angular", no estaban pensando en la loza de mármol decorativa que se pega al edificio después de que la construcción está terminada. Más bien, una piedra angular es la roca fundamental sobre la que depende la construcción por estabilidad y fuerza. En el "templo de Dios", la iglesia, yo soy "la cabeza del ángulo", que da tanto fortaleza como estabilidad al templo espiritual de los creyentes, a quienes se les compara con las piedras con que se construye el resto del edificio (1 Pedro 2:5).

YO SOY LA VID VERDADERA
Y LOS SARMIENTOS

En el Antiguo Testamento, Dios usó muchas veces la imagen de una viña o un viñedo para describir la nación de Israel (Salmo 80:8; Isaías 5:1-7; Jeremías 2:21; Ezequiel 15; 19:10; Oseas 10:1); sin embargo, la imagen era siempre aquella de un viñedo desatendido que se había llenado de mala hierba. En contraste, me llamé a mí mismo la vid verdadera e identifiqué a mis discípulos como los sarmientos de esa vid (Juan 15:1-8, LBLA). Esta es, quizá, la más íntima de las imágenes usadas en la Escritura para describir la unidad entre los creyentes y yo. No soy el tallo de donde crecen las ramas, sino la vid, la que es la vida total de los sarmientos. La imagen de una vid se adapta mejor que la de un árbol, pues la vid y los sarmientos crecen entre sí, de manera que es difícil distinguir la vid de los sarmientos. Eso también debería suceder en la relación entre el creyente y yo.

Este título, "la Vid", es el séptimo de mis títulos relacionados con Jehová en el evangelio de Juan, y aspectos adicionales de este título se discuten en otra parte de este libro. La aplicación práctica de este título a la iglesia se relaciona con su unidad en mí. La responsabilidad de la iglesia es crecer espiritualmente, y llevar fruto consistentemente, pero necesita que yo la pode de vez en cuando.

Debido a que yo soy la vid y tú eres el sarmiento, nada puedes lograr apartado de mí. Yo soy el que suple y sustenta la vida misma del creyente, y la vida cristiana se vive por fe en mí (cf. Gálatas 2:20). En la medida que yo viva en ti, tú producirás más fruto. Este fruto consistirá tanto en convertirte a mí como en tu desarrollo de un carácter piadoso, lo que el apóstol Pablo describe como el fruto el Espíritu Santo (Gálatas 5:22-23). Tu responsabilidad principal es permanecer en mí.

De vez en cuando en tu vida cristiana, encuentras circunstancias difíciles y complicadas. Muchas veces son del tipo que te permiten buscar causas espirituales. Muchos cristianos concluyen equivocadamente que los problemas en la vida cristiana son siempre provocados por el pecado. Están convencidos de que han cometido algún pecado sin saberlo. Sin embargo, de lo que no se dan cuenta es que algunos de los problemas en la vida cristiana son producto de su fidelidad. Una de mis promesas olvidadas es que yo recompensaré la productividad con poda, para que tú "des más fruto" (Juan 15:2). Usando una metáfora distinta, Job expresó esta misma esperanza en medio de su prueba: "Mas él conoce mi camino; me probará, y saldré como oro" (Job 23:10).

CONCLUSIÓN

Mis títulos antes mencionados son relevantes, pues revelan quien soy con relación a mi pueblo. Este énfasis es muy común en la Escritura como para darlo por sentado. En la mayoría de los sistemas religiosos, la deidad de esa religión debe ser temida, servida y se le debe ofrecer sacrificios. Sin embargo, yo no me deleito en mantenerme a distancia de mi pueblo; sino que me deleito en desarrollar una intimidad mayor con cada uno de ellos.

Aunque sí me identifico individualmente con mis discípulos, es interesante que muchos de mis nombres estén relacionados con la iglesia. Durante los años sesenta, el estado de ánimo de Estados Unidos era principalmente antiinstitucional, y muchos cristianos se infectaron con un espíritu de rechazo a la iglesia. Desde entonces, las cosas han cambiado en cierto grado; sin embargo, muchos cristianos todavía están, de algún modo, en contra de la iglesia. Recuerda que yo amo a la iglesia y me entregué por ella y tengo grandes planes para ella en los días venideros. Los cristianos que se divorcian voluntariamente de la iglesia y no pertenecen a su iglesia local, bibliocéntrica, la apoyan y oran por ella, se colocan a sí mismos en una posición en la que difícilmente pueden experimentar la realidad valiosa de mis nombres eclesiásticos.

PARA DISCUTIR:

1. Discute mis cinco títulos mencionados en este capítulo. ¿Qué ministerio único está resaltado en cada título?

2. ¿Cómo podrías expresar tu sumisión a mí como la Cabeza del Cuerpo?

3. Discute cómo yo, el Pastor, soy el modelo para los pastores en cuando al cuidado del rebaño.

4. Como el Novio, ¿qué hago por aquellos que son mi novia?

5. Enumera varias formas en que un cimiento contribuye a un edificio. ¿Cómo se relacionan estos con la vida del creyente y conmigo, su Piedra angular?

6. ¿Por qué añado el término calificativo "verdadera" cuando me llamo a mí mismo "vid"? ¿En qué manera yo, la Vid, me relaciono con los creyentes como sarmientos?

CAPÍTULO DOCE

MIS NOMBRES APOCALÍPTICOS

La revelación de Jesucristo, que Dios le dio, para manifestar a sus siervos las cosas que deben suceder pronto; y la declaró enviándola por medio de su ángel a su siervo Juan. (Apocalipsis 1:1)

El libro final del Nuevo Testamento ofrece la revelación completa sobre mí en la Escritura. Incluso su título divinamente inspirado declara su propósito como "La revelación de Jesucristo" (Apocalipsis 1:1). Por lo tanto, no es de sorprenderse que este libro contenga más de setenta de mis nombres y títulos. Al leer Apocalipsis, muchos se distraen enfocándose en símbolos oscuros o interpretaciones torcidas de lo que ha de venir. Pero básicamente, cuando ves este libro, tienes que verme a mí. Observa cuidadosamente mis setenta y dos nombres y títulos en este libro. Me llaman...

Jesucristo (1:1), palabra de Dios (1:2), el testigo fiel, el primogénito de los muertos, y el soberano de los reyes de la tierra (1:5), el Alfa y la Omega, principio y fin, el Señor, y el Todopoderoso (1:8), el primero y el último (1:11), la voz (1:12), el Hijo del Hombre (1:13), el que vivo (1:18), el que anda en medio de los siete candeleros de oro (2:1), el que estuvo muerto y vivió (2:8), el que tiene la espada aguda de dos filos (2:12), el maná escondido (2:17), el Hijo de Dios (2:18), la estrella de la mañana (2:28), el que tiene los siete espíritus de Dios, y las siete estrellas (3:1), el Santo, el Verdadero, el que tiene la llave de David, el que abre y ninguno cierra (3:7), mi nombre nuevo (3:12), el Amén, el testigo fiel y verdadero, el principio de la creación de Dios (3:14), Señor Dios Todopoderoso (4:8), digno (4:11), el León de la tribu de Judá, la raíz de David (5:5), un Cordero (5:6), el Cordero que fue inmolado (5:12), Señor, santo y verdadero (6:10), aquel que está sentado sobre el trono (6:16), el Cordero que está en medio del trono (7:17) el que vive por los siglos de los siglos, que creó (10:6), nuestro Señor (11:8), su Cristo (11:15), su hijo (12:4), un hijo varón (12:5), el Cordero que fue inmolado desde el principio del mundo (13:8), Jesús (14:12), Rey de los santos (15:3), el que eres, el que fue y el que serás (16:5), tiene poder sobre estas plagas (16:9), Dios Todopoderoso. (16:14), Señor de señores y Rey de reyes (17:14), el Señor, que la juzga (18:8), Señor Dios nuestro (19:1), Dios que estaba sentado en el trono (19:4), el Señor nuestro Dios Todopoderoso (19:6), Fiel y Verdadero (19:11), un nombre escrito que ninguno conocía (19:12), el Verbo de Dios (19:13), Cristo (20:4), marido (21:2), Dios (21:7), la gloria de Dios (21:23), el Señor, el Dios de los espíritus de los profetas (22:6), la raíz y el linaje de David, la estrella resplandeciente de la mañana (22:16), El que da testimonio de estas cosas, y, Señor Jesús (22:20), nuestro Señor Jesucristo (22:21).

Juan era un escritor sobresaliente. Como todos los buenos escritores, él desarrolló su propio estilo. Cuando escribía, lo hacía bajo inspiración y se expresaba excelentemente. En su evangelio, construye su caso hasta que el lector llega al clímax del libro y cae sobre su rostro para declarar, junto con Tomás, que Jesús es "mi Señor y mi Dios" (Juan 20:28). Culminantemente, escribió el último de los cuatro evangelios. Del mismo modo, él fue el último en escribir la Escritura. Igualmente, su evangelio es la máxima tesis sobre mí. Además, su libro fue el último en ser reconocido como canónico. También, escribió el último libro de la Biblia. Con gran excelencia, escribió con relación a las últimas cosas. En beisbol, debes tener un rematador, es decir, un lanzador suplente. Si alguien fue el lanzador suplente de Dios, fue el apóstol Juan. Casi era de esperarse que Juan fuera el elegido de Dios para dar una descripción tan completa y robusta de mí en mis nombres.

Esta profusión de nombres y títulos, muchos altamente simbólicos en significado en fluir con la naturaleza del libro, provee un retrato compuesto de mi Persona. Es verdaderamente una "revelación de Jesucristo" en mis nombres. Quizás es la descripción más completa en el Nuevo Testamento sobre la majestad de mi ser.

Obviamente, dentro de las limitaciones de espacio de este capítulo, uno no puede estudiar todos mis setenta y dos nombres en el libro final de la Biblia. Sin embargo, lo que uno haría es examinar varios grupos o nombres principales. Un análisis de estos nombres hace que uno esté cada vez más consciente de lo que yo puedo suplir en cualquiera y cada una de las necesidades que puedas tener.

YO SOY JESUCRISTO

En esta breve introducción al libro, Juan usa primero el nombre "Jesucristo" (1:1). Esto es una mezcla de mis nombres personal y oficial. Antes de que terminara el primer siglo, esto se había convertido en una manera común de referirse a mí. En un sentido, presentaba una síntesis del Nuevo Testamento. Mi nombre Jesús es el predominante en los evangelios y en Hechos, mientras que Cristo es el predominante en las epístolas, especialmente en las paulinas. Examinaste ambos nombres de cerca en los capítulos anteriores.

Una descripción mía en tres partes

Juan me describe: "Jesucristo el testigo fiel, el primogénito de los muertos, y el soberano de los reyes de la tierra" (1:5). Esto presenta en este libro las tres ideas principales en lo que se refiere a quien soy. Es típico a lo largo de los escritos de Juan que, aunque él escribe en griego, su pensamiento está controlado por su herencia hebrea. Por lo tanto, no sorprende que la revelación deba enfocarse en el cargo mesiánico de tres partes: profeta, sacerdote y rey.

Primero soy el profeta; Juan me identifica como "el testigo fiel". Vine a revelarle al Padre a la humanidad y lo hice a la perfección (cf. Mateo 11:27). La palabra griega traducida aquí "testigo" es *martus*, de donde se obtiene el término en español "mártir". Originalmente, *martus* significaba "un testigo", pero llegó a referirse a uno que murió a causa de su fidelidad en atestiguar. Es interesante observar que yo mismo, más adelante, le apliqué este título a un creyente en Pérgamo llamado Antipas (Apocalipsis 2:13). La implicación es que de la misma manera en que soy el testigo fiel de Padre ante ti, tú necesitas ser un testigo fiel de mí ante el mundo. Este título debe haber sido muy significativo para Juan, quien fue exiliado a Patmos debido a su testimonio fiel de las cosas de Dios.

El segundo de estos tres títulos, en Apocalipsis 1:5, enfatiza mi papel como sacerdote; yo soy "el primogénito de los muertos". En la epístola a los Hebreos, yo, quien resucitó, me convertí en el sumo sacerdote. Yo fui el primero en resucitar a la vida eterna. Otros habrían resucitado antes, pero después volvieron a morir.

Los teólogos llaman a estas "resucitaciones" en lugar de "resurrecciones". Algo también único en mi resurrección es el hecho de que yo fui levantado no solo para vivir eternamente, sino además para convertirme en "un espíritu avivador [o que da vida]" (1 Corintios 15:45; Colosenses 1:18).

Tercero, Apocalipsis 1:5 me llama "el soberano de los reyes de la tierra". Aunque sin negar mi soberanía actual como la autoridad por medio de la que los reyes gobiernan (Romanos 13:1), y el "Señor de todo" (Hechos 10:36), este libro enfatiza mi próximo dominio sobre la tierra. En este sentido, está bien que Juan se refiera a mí no solo como "rey" sino también como "soberano". Un hombre es un soberano hasta que formalmente asuma el cargo de rey. Al próximo monarca de la Mancomunidad Británica de Naciones se le llama príncipe. Aunque está capacitado para ser rey y algún día asumirá el trono, hasta que la reina muera o abdique, el príncipe permanecerá siendo un príncipe. Al principio del libro de Apocalipsis, me llaman soberano de reyes, pero cuando venga a establecer mi reino sobre la tierra, seré llamado "Rey de reyes, y Señor de señores" (19:16).

MI CABALIDAD Y SUFICIENCIA ETERNAS

Otra agrupación relevante de nombres aparece en Apocalipsis 1:8. El primero de estos cuatro títulos es "Alfa y Omega". Esta es la expresión griega de un modismo hebreo que implica cabalidad. Los judíos tomaron la primera y la última letras de su alfabeto para enfatizar y expresar la totalidad de algo. Alfa es la primera letra del alfabeto griego; omega, es la última. Una expresión similar en español es "de principio a fin". En un sentido, este título incluye todos mis más de 700 nombres y títulos (mira el Apéndice donde se listan alfabéticamente mis nombres y títulos).

En el segundo de esta agrupación de nombres, me identifica como "principio y fin". Yo soy Aquel que no solo inicia sino que también perfecciona (cf. Hebreos 12:2). Este título sirve para enfatizar mi soberanía absoluta sobre la historia. Soy el Señor de la historia, su principio, su final, y todo lo que queda en el medio. Aunque yo no pueda estar sentado todavía en el trono de David en Jerusalén, no obstante, tengo control y una manera única de trabajar a través de otros, incluso usando tiranos y terroristas, a veces, para alcanzar mi propósito (cf. Romanos 8:28).

Tercero, Apocalipsis 1:8 me describe como "el Señor, el que es, y que era y que ha de venir". No pudo haber un enunciado más específico de mi deidad y eternidad. Este título asemeja la gran afirmación de fe de Moisés "Desde el siglo y hasta el siglo, tú eres Dios" (Salmo 90:2). Soy eternamente contemporáneo, el "Yo soy" de todos los tiempos. El escritor de Hebreos dice de mí: "Jesucristo es el mismo ayer, y hoy, y por los siglos" (Hebreos 13:8).

Finalmente, se me llama "el Todopoderoso". Este título probablemente no tenía la intención de enfatizar mi omnipotencia, aunque ese atributo de Dios está ciertamente implicado. Posiblemente, Juan estaba pensando en el contexto de El Shaddai, un título de Dios del Antiguo Testamento que se traduce generalmente "Dios todopoderoso". ¿Me estás confiando los problemas de tu vida?

YO SOY EL HIJO DEL HOMBRE

Más que cualquier otro libro en el Nuevo Testamento, el libro de Apocalipsis extrae del Antiguo Testamento, particularmente de las profecías mesiánicas. La mayor parte de los tres primeros capítulos de Apocalipsis me describe como una visión dando mi mensaje a siete iglesias. En este contexto, Juan usa muchos nombres y títulos, pero ahora me presenta como "uno semejante al Hijo del Hombre" (1:13). La mayoría de los comentaristas conservadores están de acuerdo en que esta es una referencia de mí, al que Daniel llamó "el Hijo del hombre" (Daniel 7:13), quien recibió "dominio, gloria y reino" del Anciano de Días (versículo 14).

Cuando Juan volteó para ver la voz que le hablaba, las primeras cosas que observó fueron siete candeleros de oro. Estos candeleros probablemente no eran del tipo con el que se decoran las casas, sino más bien, candeleros usados en la adoración judía. Tenían una altura de casi 1.7 metros y cada uno pesaba casi ciento diez libras. Se extendían en la parte superior para dar cabida a varias candelas; por lo tanto, muchas luces producían una sola luz en el candelero. Explico que estos candeleros representan siete iglesias locales en Asia (1:20). Es interesante observar que yo estaba "en medio de los siete candeleros"; es decir, a igual distancia de cada uno de ellos. Yo estaba tan cerca a la iglesia en negligencia como en la iglesia en avivamiento. ¿Por qué? Porque toda la iglesia es mi cuerpo.

Juan me visualizó aquí con la vestidura de un sacerdote. Esta descripción vívida de mí, mientras permanecía glorificado y transfigurado ante el apóstol, tiende a enfatizar mi papel como juez. Mi cabeza y cabello eran "como blanca lana, como nieve" (1:14); un símbolo de mi pureza. "Sus ojos como llama de fuego" (1:14); es decir, ardían a través de aquel al que vieron para discernir con precisión la naturaleza del hombre. Mis pies fueron comparados al "al bronce bruñido, refulgente como en un horno" (1:15). A lo largo de la Escritura, el bronce se ofrece como un símbolo de juicio. Mi voz se compara aquí al "estruendo de muchas aguas" (1:15), enfatizando mi autoridad. "De su boca salía una espada aguda de dos filos" (1:16), un símbolo de la Palabra de Dios en su poder de discernir (cf. Hebreos 4:12). Había un resplandor alrededor de todo mi rostro "como el sol cuando resplandece en su fuerza" (1:16).

Allí, en mi presencia –glorificado, transfigurado– Juan cayó postrado al suelo. Así como los profetas del Antiguo Testamento, Juan estaba aprendiendo por experiencia que si uno realmente quiere hacer algo para Dios, empieza en mi presencia. La grandeza siempre empieza en mi presencia, no en un seminario ni en una universidad bíblica.

La visión de mí era relevante en cada detalle: desde mis siete epístolas a las siete iglesias en los capítulos dos y tres. Cada nombre que usé para identificarme representaba mi capacidad para suplir la necesidad particular de cada iglesia. Como has estudiado mis nombres, confío ya que has descubierto que cualquier cosa que necesites hoy día, yo puedo suplirla.

La primera de las siete iglesia a las que me dirigí fue la iglesia en Éfeso. Esta era una iglesia admirable en muchos aspectos, pero había empezado a apartarse de su primer amor. La iglesia necesitaba un liderazgo que la regresara valientemente al lugar de donde habían caído. Para esa iglesia, me identifiqué como "El que tiene las siete estrellas en su diestra" (2:1).

Ya antes se le había dicho a Juan que las siete estrellas eran ángeles o mensajeros; es decir, los pastores de las iglesias (Apocalipsis 1:20). El pastor principal de la iglesia de Éfeso necesitaba recibir el ánimo de que estaría en mi diestra en la medida que retomara el liderazgo del rebaño en esa ciudad.

La iglesia de Esmirna era una congregación bajo persecución intensa. Muchos de sus miembros habían perdido su vida a causa de su fidelidad, y muchos más lo harían en los días venideros. Yo no los critiqué en ninguna manera, solamente los animé a continuar siendo fieles. Para animar a esta iglesia, le recordé que yo era "el primero y el postrero, el que estuvo muerto y vivió" (2:8).

A diferencia de las iglesias antes mencionadas, la iglesia de Pérgamo era una congregación de una multitud mixta. Algunos de sus miembros no daban evidencia de ser salvos. Eran algo descuidados en sus estándares de separación personal y se involucraban en actividades que la mayoría de los cristianos de ese entonces consideraban malas. Era una iglesia que estaba cediendo a la presión social para avenirse al estándar del mundo. Como resultado había empezado a apartarse de su compromiso con la autoridad bíblica. Más que nada, la iglesia necesitaba un "avivamiento de vuelta a la Biblia". Para esta iglesia, me revelé como "el que tiene la espada aguda de dos filos" (2:12); es decir, la Palabra de Dios.

La iglesia de Tiatira era una a la que gran parte de las definiciones evangélicas de hoy probablemente la habrían rechazado como una iglesia legítima. Una mujer prominente en la iglesia estaba introduciendo varias prácticas paganas, incluyendo la inmoralidad y la idolatría. De estos dos pecados mencionados, yo parezco estar más preocupado con su negativa de arrepentirse de la fornicación. Como resultado, me presenté a esa iglesia como el Hijo de Dios viniendo a juzgar con mis ojos ardientes y mis pies de bronce (2:18).

La siguiente iglesia a la que me dirigí era la de Sardis. Era una iglesia muy respetable; sin embargo, en muchos aspectos, su reputación era todo lo que tenía. Algunos comentaristas identifican esta iglesia con el movimiento de la Reforma en los siglos XVI y XVII. A la iglesia se le describe como muerta, pero poseyendo un remanente que aún cree.

Aunque los Reformadores ayudaron grandemente a la iglesia con volver a enfatizar sobre las doctrinas de la gracia, fallaron en ser tan eficaces como podían debido a que descuidaron la obra evangelística del Espíritu Santo. Significativamente, yo le recordé a esta iglesia que yo era "el que tiene los siete espíritus de Dios" quien se dirigía a ellas (3:1).

En muchos aspectos, la iglesia de Filadelfia disfrutaba de las circunstancias más codiciadas entre las siete iglesias. Repito, no hay nada que yo haya decidido criticar directamente. Aunque la iglesia era pequeña, tenía oportunidades sin precedentes para el servicio delante de ella. Era una iglesia en medio del avivamiento y solo necesitaba que se le recordara no permitir que el avivamiento degenerara en un fanatismo emocional. Ante esta iglesia me identifiqué como "el Santo, el Verdadero, el que tiene la llave de David" (3:7). La referencia a "la llave de David" se origina en Isaías 22:22 y enfatiza que solo yo tengo autoridad para admitir a quien yo quiera en el reino. Esta iglesia necesitaba verdad y santidad, pero también necesitaba aprovechar las oportunidades que le esperaban para alcanzar su mundo con el evangelio.

La iglesia de Laodicea ha llegado a representar el compromiso tibio frecuentemente característico de muchas iglesias hoy en día. Ella necesitaba que se le recordara quién era yo como "el Amén, el testigo fiel y verdadero, el principio de la creación de Dios" (3:14). Para esta iglesia yo era la última palabra, un ejemplo de que uno puede ser fiel y verdadero. También era un recordatorio de que, como Creador, yo sabía lo que más le convenía a mi iglesia en Laodicea.

YO SOY EL LEÓN Y EL CORDERO

Uno de los contrastes de nombres más interesantes en Apocalipsis sucede en el capítulo cinco, donde en el mismo contexto se me llama tanto "el León de la tribu de Judá" como "un Cordero" (5:5-6). Si esta combinación suena paradójica en español, lo es aún más en el griego. La palabra que se usa aquí para "cordero" es un diminutivo y un término de aprecio. Es el tipo de palabra que un niño podría usar para describir a un corderito lindo y tierno. Y sin embargo, este título se usa aquí en el contexto de su real majestad el León de la tribu de Judá, la tribu gobernante de Israel.

Juan reúne aquí dos títulos con diferentes énfasis para dar a sus lectores un entendimiento más completo de mí. Como el León, soy todo lo que los judíos esperaban en su Mesías. Fui el hijo de David que gobernaría sobre César. Fui el que vendría a establecer el reino de Dios sobre la tierra. Pero también era el Mesías que vine a dar mi vida como rescate de muchos. Como tal, soy el cordero sacrificial de un año de edad. Sin embargo, soy un cordero con una diferencia: este cordero tiene siete cuernos. Un cuerno era un símbolo de poder en el Antiguo Testamento, y siete era un número de cabalidad en la Escritura. Este es el cordero con toda la fuerza y el poder del león.

Cuando Sansón buscó darles a los filisteos un acertijo que no pudieran resolver solos, dijo: "Del devorador salió comida" (Jueces 14:14). Incluso hoy en día, es poco común encontrar fortaleza y dulzura en una misma cosa. Sin embargo, yo manifesté tanto fortaleza como belleza. Cuando estudias mis muchos nombres y títulos, notas algunos que enfatizan mi fortaleza a la vez que otros tienden a enfatizar mi dulzura. Esto es evidente en Apocalipsis, que enfatiza el hecho de que Dios aún está sentado en el trono y que triunfará finalmente sobre el sistema mundial: aun así, te darás cuenta de que veintiséis veces soy el Cordero. Mi nombre predominante en Apocalipsis es "el Cordero". YO SOY EL CONQUISTADOR QUE HA DE VENIR

El argumento del libro de Apocalipsis, particularmente del capítulo cuatro al final, me ve como el Legítimo que posee el título de propiedad del mundo. Apocalipsis examina las preparaciones en el cielo y los eventos en la tierra que son necesarios para que yo reclame lo que por derecho me pertenece y para establecer mi reino. Este plan alcanza un clímax en el capítulo diecinueve, donde se describe mi segunda venida en gloria. En ese pasaje, se me identifica con cinco nombres (19:11-16).

El primero de mis nombres de conquista es "Fiel y Verdadero" (19:11). Fe/fidelidad y verdad son temas constantes en los escritos de Juan. Yo he sido identificado por estos nombres al principio de Apocalipsis, pero para enfatizar, el nombre compuesto aparece aquí, en el clímax. Hasta el final, yo soy fiel. Hasta el final, yo soy verdadero. Este es un aliento tremendo en tiempos de prueba; incluso los mejores cristianos empiezan a preguntarse: "¿Realmente vale la pena todo esto?"

Independientemente de tus circunstancias, sin importar cuánto tiempo han estado así ni cuál sea tu situación, yo te demostraré que soy fiel y verdadero hasta el final.

El segundo nombre que Juan registra en este pasaje es "un nombre escrito que ninguno conocía sino él mismo" (19:12). Este puede ser uno de los más fascinantes de todos mis nombres. Hace varios años, Elmer Towns se interesó en descubrir mis nombres en la Escritura. Originalmente, recopiló un listado de aproximadamente 250 nombres y pensó que había agotado el tema. Sin embargo, en la medida en que continuaba leyendo y estudiando la Escritura, se encontró con nombres que no estaban en mi lista. Él había escuchado que alguien dijo una vez que existían 365 nombres para mí, uno para cada día del año, y se preguntó si era cierto. A la fecha, él ha encontrado más de 700 nombres, y ya no está convencido de que siquiera esta lista más larga sea exhaustiva. Cada vez que él descubre un nombre nuevo, se impresiona nuevamente por otro atributo o aspecto de mi obra que el nombre sugiere.

Aunque desea mucho conocer todos mis nombres, está consciente de que incluso al momento de mi regreso habrá un elemento de misterio en cuanto al último de ellos. Cuando consideras todo lo que está incluido en cada uno de los nombres listados en el apéndice de este libro, queda claro que no hay límite para todo lo que soy con relación a mis nombres. Sería inútil para ti incluso intentar especular en cuanto al significado particular de este nombre desconocido en Apocalipsis 19:12. Su presencia en la Escritura te recuerda que tengo un nombre para cada necesidad, incluso si no sabes específicamente el nombre.

Tercero, me llaman "el Verbo de Dios" (19:13). Soy la idea o expresión de Dios mismo. Este también es uno de mis nombres de nacimiento: "Logos" que tratamos en el capítulo de mis nombres de nacimiento. Un cuarto nombre mencionado en este pasaje es "Dios Todopoderoso" (19:15), que puede referirse a El Shaddai o, en su contexto, a la omnipotencia divina, la cual es otro de mis atributos.

Finalmente, Juan menciona el nombre bordado en mi vestidura: "REY DE REYES Y SEÑOR DE SEÑORES" (19:16). Con este título regreso, seguido de los ejércitos celestiales, que puede ser una hueste de ángeles o más probablemente los santos raptados. Aunque hoy día usted no sepa montar a caballo muy bien, un día podría montar en esa caballería celestial tras de mí, el Rey de reyes y el Señor de señores. Este título enfatiza mi soberanía absoluta.

YO SOY LA RAÍZ Y EL LINAJE DE DAVID

En los versículos de cierre de este libro, me identifico como "la raíz y el linaje de David" (22:16). Este nombre sugiere dos ideas en mi relación con David. La primera es la de una raíz antigua, enterrada en la tierra, que de vez en cuando saca brotes o "retoños" como se les llama a veces. El retoño obtiene toda su fortaleza y nutrimento de la raíz. Aquellos que cuidan huertos de árboles frutales están continuamente buscando estos brotes nuevos y podándolos para que el árbol frutal original no pierda nada del nutrimento que la raíz podría suplirle. Yo era la fuente de fortaleza y nutrimento de David, así como la raíz suple al brote de su fortaleza y nutrimento. Lo que sucedió en la experiencia de David conmigo también sucede en la experiencia de los creyentes hoy día: Tú obtienes de mí todo lo que necesitas.

Sin embargo, yo no solo era la fuente de David, sino también la semilla de David. Como el linaje de David, yo era el heredero legítimo al su trono. Era el candidato calificado en quien todas las profecías mesiánicas con referencia al Hijo de David fueron cumplidas o deben serlo. Yo era el Hijo de David y también el Señor de David (Marcos 12:35-37). Este título tenía abundancia en la herencia judía, pues David era considerado el rey modelo de Israel.

YO SOY LA ESTRELLA RESPLANDECIENTE DE LA MAÑANA

Al identificar otro de mis títulos, las Escrituras se refieren a una imagen de luz. Me llamo a mí mismo "la estrella resplandeciente de la mañana" (22:16). Esta estrella se nombra así porque aparece en el horizonte justo antes del amanecer. La aparición de la estrella de la mañana te dice que la "aurora de lo alto" ya casi llega. Es la estrella de la esperanza para quienes están cansados de la noche larga de tinieblas. Y junto con el apóstol Juan, esta estrella te anima a orar: "sí, ven, Señor Jesús" (22:20).

CONCLUSIÓN

Si llegara a ti hoy y te preguntara: "¿Qué puedo hacer por ti?", ¿Cómo responderías? En realidad, la pregunta no es hipotética. Estoy aquí y pregunto. Quiero volverme más relevante en tu vida por medio de revelarme ante ti con mis nombres. Confío en que hayas aprendido algo nuevo sobre mí en este estudio breve de mis nombres, pero espero, aún más, que tu nuevo conocimiento de mí vaya más allá de tu intelecto. Mis nombres y títulos en la Escritura se vuelven mucho más claros en el contexto de tu experiencia conmigo. No seas la barrera que me impide hacer por ti lo que yo deseo para que mis nombres sean una parte más significativa de tu experiencia cristiana.

PARA DISCUTIR:

1. ¿Por qué el último libro en la Biblia, Apocalipsis, tiene quizá más de mis nombres que cualquier otro? ¿Cuál es el tema principal de este libro?

2. ¿Por qué se le llama a Apocalipsis un libro contundente?

3. ¿Cuál es la imagen de mí en tres partes en Apocalipsis? Relaciónala con mis tres cargos ungidos.

4. Observa las descripciones contrastantes de mí como un León y un Cordero. ¿En qué manera llevan a cabo estos títulos el tema de Apocalipsis? ¿Qué te dicen estos títulos sobre mí?

5. Nombra los títulos en Apocalipsis que me describen como un conquistador. ¿Qué te dicen estos títulos sobre mí?

6. Explica en qué forma soy la Raíz y el Linaje de David.

7. Comparte brevemente algo nuevo que hayas aprendido sobre mí en este estudio de mis nombres.

APÉNDICE

MIS NOMBRES Y TÍTULOS EN LA ESCRITURA

A-8

Admirable consejero. . . . .(Isaías 9:6)

Aijeleth Shahar . . . .(Salmo 22)

Amigo de publicanos y pecadores . . . .(Mateo 11:9; Lucas 7:34)

Antes de todas las cosas. . . . .(Colosenses 1:17)

Apartado de entre sus hermanos . . . . (Génesis 49:26)

Apartado de los pecadores . . . . (Hebreos 7:26)

Aquel engañador . . . . (Mateo 27:63)

Árbitro entre nosotros . . . . (Job 9:33)

B-3

Bienaventurado y solo Soberano . . . . (1 Timoteo 6:15)

Buen nombre. . . . . : (Santiago 2:7)

Búho de las soledades . . . . (Salmo 102:6)

C-16

Carne. . . . . (Juan 1:14)

Castillo . . . . (Salmo 18:2)

Cimiento estable . . . . (Isaías 28:16)

Columna de fuego. . . . .(Éxodo 13:21,22)

Concebido del Espíritu Santo . . . . (Mateo 1:18)

Comprensivo . . . . (Proverbios 3:19)

Concebido por el Espíritu Santo . . . . (Mateo 1:20)

Consejero. . . . .(Isaías 9:6)

Cristo. . . . . (Mateo 1:16)

Cristo crucificado. . . . . (1 Corintios 1:23)

Cristo el Señor. . . . .(Lucas 2:11)

Cristo Jesús . . . . (Hechos 19:4)

Cristo Jesús el Señor . . . . (2 Corintios 4:5)

Cristo nuestra Pascua. . . . . (1 Corintios 5:7)

Cristo resucitado de los muertos . . . . (1 Corintios 15:20)
Cristo, un Rey . . . . (Lucas 23:2)

D-17
Dador de la ley . . . . (Santiago 4:12)
David. . . . . (Mateo 1:17)
De rápido entendimiento. . . . . (Isaías 11:3)
Desconocido para los hijos de mi madre . . . . (Salmo 69:8)
Digno. . . . . (Apocalipsis 4:11; 5:12)
Digno de ser alabado . . . . (Salmo 18:3)
Dios. . . . . (Apocalipsis 21:7)
Dios bendito por los siglos. . . . .(Romanos 9:5)
Dios con nosotros . . . . (Mateo 1:23)
Dios de mi fortaleza. . . . . (Salmo 43:2)
Dios de mi justicia. . . . . (Salmo 4:1)
Dios de mi salvación . . . .(Salmo 18:46; 24:5)
Dios en medio de ella . . . . (Salmo 46:5)
Dios manifestado en la carne. . . . .(1 Timoteo 3:16)
Dios nuestro eternamente y para siempre . . . . (Salmo 48:14)
Dios quien los perdona . . . . (Salmo 99:8)
Don inefable . . . . (2 Corintios 9:15)

E-226
El abogado con el Padre . . . . (1 Juan 2:1)
El Alfa y Omega . . . . (Apocalipsis 1:8)
El alfarero . . . . (Jeremías 18:6)
El altísimo . . . .(Salmo 9:2; 21:7)
El altísimo mismo . . . . (Salmo 87:5)
El Alto y Sublime que habita por la eternidad. . . . . (Isaías 57:15)
El amado . . . .(Efesios 1:6)
El Amén. . . . . (Apocalipsis 3:14)
El amigo de la esposa. . . . . (Juan 3:29)
El amigo de mi juventud . . . . (Jeremías 3:4)
El amparo del huérfano . . . . (Salmo 10:14)
El Ángel de Dios . . . . (Génesis 21:17)
Él Ángel de su presencia . . . .(Isaías 63:9)

El Ángel del Pacto . . . . (Malaquías 3:1)

El Ángel del Señor . . . . (Génesis 16:7)

El Apóstol de nuestra profesión . . . .(Hebreos 3:1)

El arca del pacto . . . . (Josué 3:3)

El autor de la salvación eterna . . . .(Hebreos 5:9)

El autor de nuestra fe. . . . .(Hebreos 12:2)

El bálsamo en Galaad . . . . (Jeremías 8:22)

El bendito por los siglos. . . . . (2 Corintios 11:31)

El brazo del Señor . . . . (Isaias 53:1)

El buen pastor . . . .(Juan 10:11)

El camino . . . . (Juan 14:6)

El camino de santidad . . . . (Isaías 35:8)

El camino de vida . . . . (Salmo 16:11)

El capitán de Su salvación . . . .(Hebreos 2:10)

El capitán del ejército del Señor. . . . .(Josué 5:14-15)

El carpintero . . . . (Marcos 6:3)

El castigo . . . . (Miqueas 6:9)

El celo de Jehová de los ejércitos . . . . (Isaías 37:32)

El celo de tu casa. . . . .(Juan 2:17; Salmo 69:9)

El cetro de Israel . . . . (Números 24:17)

El cetro de tu reino . . . . (Salmo 45:6)

El consolador. . . . . (Juan 14:16:18)

El constructor del templo. . . . .(Zacarías 6:12-13)

El consumador de la fe . . . .(Hebreos 12:2)

El cordero . . . .(Apocalipsis 17:14)

El cordero de Dios. . . . . (Juan 1:29)

El cordero que está en medio del trono . . . . (Apocalipsis 7:17)

El cordero que fue inmolado . . . . (Apocalipsis 5:12)

El cordero que fue inmolado desde el
principio del mundo. . . . . (Apocalipsis 13:8)

El creador. . . . .(Romanos 1:25)

El creador de los confines de la tierra . . . .(Isaías 40:28)

El Cristo . . . . (1 Juan 5:1)

El Cristo de Dios. . . . . (Lucas 9:20)

El deseado de todas las naciones . . . .(Hageo 2:7)

El despreciado del pueblo . . . . (Salmo 22:6)

El día . . . . (2 Pedro 1:19)

El Dios de gloria . . . . (Salmo 29:3)

El Dios de Israel . . . . (Salmo 59:5)

El Dios de Jacob . . . . (Salmo 46:7)

El Dios de mi misericordia . . . . (Salmo 59:10)

El Dios de mi vida . . . . (Salmo 42:8)

El Dios eterno . . . . (Deuteronomio 33:27)

El Dios justo . . . . (Salmo 7:9)

El Dios no conocido . . . . (Hechos 17:23)

El Dios poderoso . . . . (Isaías 9:6)

El Dios que me venga . . . . (Salmo 18:47)

El Dios verdadero . . . . (Jeremías 10:10)

El Dios vivo . . . . (Salmo 42:2)

El don de Dios . . . . (Juan 4:10)

El elegido de Dios . . . . (Lucas 23:35, 1 Pedro 2:4)

El enigma . . . . (Jueces 14:14)

El enviado . . . . (Juan 9:4)

El eterno rey . . . . (1 Timoteo 1:17)

El fin de la ley . . . . (Romanos 10:4)

El fruto de la tierra . . . . (Isaías 4:2)

El fruto de tu vientre . . . . (Lucas 1:42)

El fundamento en el que es puesto . . . . (1 Corintios 3:11)

El gobernador entre las naciones . . . . (Salmo 22:28)

El gran Dios . . . . (Tito 2:13)

El gran pastor de las ovejas . . . . (Hebreos 13:20)

El gran sumo sacerdote . . . . (Hebreos 4:14)

El grano del trigo . . . . (Juan 12:24)

El hacer del Señor . . . . (Mateo 21:42)

El hijo . . . . (Mateo 11:27)

El hijo de Abraham . . . . (Mateo 1:1)

El hijo de David . . . . (Mateo 1:1)

El hijo de Dios . . . . (Juan 1:49)

El hijo de José . . . . (Lucas 4:22)

El hijo de José . . . . (Juan 1:45)

El hijo de la libre . . . . (Gálatas 4:30)

El hijo de María. . . . . (Marcos 6:3)

El hijo del Altísimo . . . .(Lucas 1:32)

El hijo del bendito. . . . . (Marcos 14:61)

El hijo del carpintero . . . . (Mateo 13:55)

El hijo del Dios Altísimo . . . . (Marcos 5:7)

El hijo del Dios vivo . . . . (Mateo 16:16)

El hijo del hombre. . . . .(Juan 1:51)

El hijo del padre . . . . (2 Juan 3)

El hijo del rey . . . . (Salmo 72:1)

El hijo primogénito . . . . (Lucas 2:7)

El hombre . . . . (Juan 19:5)

El inocente. . . . . (Mateo 12:7)

El juez de las viudas. . . . . (Salmo 68:5)

El juez de toda la tierra . . . . (Génesis 18:25)

El juez de vivos y muertos . . . . (Hechos 10:42)

El juez justo. . . . .(2 Timoteo 4:8)

El justo. . . . . (1 Juan 2:1)

El linaje de David . . . . (Apocalipsis 22:16)

El lugar de nuestro santuario. . . . .(Jeremías 17:12)

El maestro de la casa - *oikodespotes* . . . .(Lucas 13:25)

El maná escondido. . . . . (Apocalipsis 2:17)

El manantial de vida . . . . (Salmo 36:9)

El más hermoso de los hijos de los hombres . . . . (Salmo 45:2)

El mediador . . . . (1 Timoteo 2:5) *

El mejor. . . . .(Hebreos 7:7)

El mensajero del pacto. . . . . (Malaquías 3:1)

El mismo ayer, hoy y siempre . . . .(Hebreos 13:8)

El mismo Dios de paz . . . . (1 Tesalonicenses 5:23)

El misterio de Dios . . . .(Colosenses 2:2)

El niño de Bethlehem . . . . (Lucas 2:12, 16)

El niño Jesús . . . . (Lucas 2:27; 43)

El obispo de sus almas. . . . . (1 Pedro 2:25)

El Omega. . . . . (Apocalipsis 22:13)

El pacto al pueblo . . . . (Isaías 42:6; 49:8)

El pan de Dios. . . . . (Juan 6:33)

El pan de vida . . . . (Juan 6:35)

El pan vivo. . . . . (Juan 6:51)

El pariente . . . . (Rut 4:14)

El pendón a los pueblos. . . . . (Isaías 11:10)

El poder de David . . . . (Salmo 132:17)

El poder de Dios . . . . (1 Corintios 1:24)

El poder de la casa de Israel. . . . .(Ezequiel 29:21)

El Poderoso el cual es . . . . (Apocalipsis 1:8)

El portador del pecado. . . . . (Hebreos 9:28)

El portador de gloria . . . .(Zacarías 6:13)

El postrer Adán . . . . (1 Corintios 15:45)

El postrero . . . .(Isaías 44:6)

El precio de Su redención . . . .(Levítico 25:52)

El precursor . . . . (Hebreos 6:20)

El primero y el último . . . . (Apocalipsis 1:8)

El primogénito. . . . .(Hebreos 12:23)

El primogénito de los muertos. . . . . (Apocalipsis 1:5)

El primogénito de toda la creación . . . .(Colosenses 1:15)

El primogénito entre muchos hermanos. . . . .(Romanos 8:29)

El príncipe de paz . . . .(Isaías 9:6)

El príncipe de vida. . . . . (Hechos 3:15)

El principio . . . .(Colosenses 1:18)

El principio de la creación de Dios . . . . (Apocalipsis 3:14)

El principio y el fin . . . . (Apocalipsis 1:8)

El profeta. . . . . (Juan 7:40)

El profeta de Nazaret. . . . . (Mateo 21:11)

El que abre caminos. . . . . (Miqueas 2:13)

El que levanta mi cabeza . . . . (Salmo 3:3)

El que lleva el yugo . . . .(Mateo 11:29-30)

El renuevo . . . . Zacarías 3:8; 6:12

El renuevo de justicia. . . . .(Jeremías 33:15)

El renuevo del Señor . . . .(Isaías 4:2)

El renuevo justo. . . . . (Jeremías 23:5)

El resplandor de su gloria. . . . .(Hebreos 1:3)

El resplandor de Su nacimiento . . . .(Isaías 60:3)

El restaurador de la vida . . . . (Rut 4:15)

El rey de gloria. . . . . (Salmo 24:7,8)

El rey de Israel. . . . . (Juan 1:49)

El rey de justicia . . . .(Hebreos 7:2)

El rey de los espantos. . . . .(Job 18:14)

El rey de los judíos. . . . . (Mateo 2:2)

El rey de los santos . . . . (Apocalipsis 15:3)

El rey de paz . . . .(Hebreos 7:2)

El rey de Salem . . . .(Hebreos 7:2)

El rey de toda la tierra. . . . . (Salmo 47:7)

El rey del cielo . . . .(Daniel 4:37)

El rey en su hermosura . . . . (Isaías 33:17)

El rey eternamente y para siempre. . . . . (Salmo 10:16)

El rey inmortal . . . . (1 Timoteo 1:17)

El rey invisible. . . . . (1 Timoteo 1:17)

El rey quien viene en el nombre del Señor. . . . .(Lucas 19:38)

El rocío de Israel . . . .(Oseas 14:5)

El sacrificio por los pecados. . . . .(Hebreos 10:12)

El salvador de todos los hombres. . . . . (1 Timoteo 4:10)

El salvador del cuerpo . . . .(Efesios 5:23)

El salvador del mundo. . . . .(Efesios 5:23)

El santo de Israel . . . . (Salmo 89:18)

El santo ser que nacerá. . . . .(Lucas 1:35)

El secreto de tu presencia. . . . . (Salmo 31:20)

El Señor de gloria . . . . (1 Corintios 2:8)

El Señor de la mies . . . . (Mateo 9:38)

El Señor de los ejércitos. . . . . (Salmo 24:10)

El Señor de toda la tierra. . . . . (Josué 3:11)

El Señor del cielo. . . . . (1 Corintios 15:47)

El Señor Dios de los santos profetas . . . . (Apocalipsis 22:6)

El Señor fuerte y valiente. . . . . (Salmo 24:8)

El Señor justo . . . . (Salmo 11:7)

El Señor poderoso en batalla . . . . (Salmo 24:8)

El Señor y Salvador . . . . (2 Pedro 1:11)

El Señor, santo y verdadero . . . . (Apocalipsis 6:10)

El sol de justicia. . . . .(Malaquías 4:2)

El sumo sacerdote . . . .(Hebreos 5:5)

El sumo sacerdote por siempre. . . . . (Hebreos 6:20

El sumo sacerdote según el orden de Melquisedec. . . . . .(Hebreos 5:10)

El sustentador de todas las cosas . . . .(Hebreos 1:3)

El tabernáculo de Dios . . . . (Apocalipsis 21:3)

El templo. . . . . (Juan 2:19)

El testador . . . . (Hebreos 9:16,17)

El testigo de Dios . . . . (1 Juan 5:9)

El testigo fiel y verdadero. . . . . (Apocalipsis 3:14)

El testigo verdadero . . . . (Proverbios 14:25)

El testimonio de Dios . . . . (1 Corintios 2:1)

El todo, y en todo . . . .(Colosenses 3:11)

El ungido de Dios . . . .(1 Samuel 2:35; Salmo 2:2)

El único justo . . . . (Hechos 7:52)

El único sabio Dios . . . . (1 Timoteo 1:17)

El único santo y justo . . . . (Hechos 3:14)

El unigénito del padre. . . . . (Juan 1:14)

El Urim y Tumim . . . . (Éxodo 28:30)

El varón cuyo nombre es el renuevo . . . .(Zacarías 6:12)

El velo . . . .(Hebreos 10:20)

El verbo . . . . (Juan 1:1)

El verbo de Dios . . . . (Apocalipsis 19:13)

El verdadero pan del cielo . . . . (Juan 6:32)

Elegido entre el pueblo. . . . . (Salmo 89:19)

Eliaquim . . . .(Isaías 22:20)

Elías. . . . . (Mateo 16:14)

Emanuel. . . . . (Mateo 1:23)

Emmanuel . . . . (Isaías 7:14)

En presencia de Cristo. . . . . (2 Corintios 2:10)

Enaltecido . . . . (Salmo 40:16)

Entrañable misericordia de Dios . . . .(Lucas 1:78)

Erguido . . . . (Proverbios 30:31)

Esa roca espiritual . . . . (1 Corintios 10:4)

Este justo . . . . (Mateo 27:24)
Este tesoro . . . . (2 Corintios 4:7)
Expiación . . . .(Levítico 5:6)

F-9
Fiador de un mejor pacto. . . . .(Hebreos 7:22)
Fiel. . . . . (1 Tesalonicenses 5:24)
Fiel y verdadero . . . .(Apocalipsis 19:11)
Fortaleza en el día de angustia. . . . . (Nahum 1:7)
Fuego purificador. . . . . (Malaquías 3:2)
Fuente de agua. . . . . (Juan 4:14)
Fuente de la salvación . . . .(Isaías 12:3)
Fuerte. . . . . (Salmo 24:8)
Fuerte de Jacob . . . . (Isaías 49:26; 60:16)

G-6
Galardón de sobremanera grande. . . . . (Génesis 15:1)
Galardón para el justo . . . . (Salmo 58:11)
Gloria. . . . .(Hageo 2:7)
Glorioso. . . . . (Salmo 8:1,9)
Grande. . . . .(Jeremías 32:18)
Gusano y no hombre . . . . (Salmo 22:6)

H-4
Heredero de todas las cosas . . . . (Hebreos 1:2
Hermosura del Dios nuestro . . . .(Isaías 35:2)
Huésped. . . . .(Lucas 19:7)
Humilde de corazón . . . . (Mateo 11:29)

I-3
Igual a Dios. . . . . (Filipenses 2:6)
Inocente. . . . . (Hebreos 7:26)
Isaac. . . . .(Hebreos 11:17,18)

J-15
Jabón de lavadores . . . . (Malaquías 3:2)
Jefe a las naciones . . . .(Isaías 55:4)
Jeremías . . . . (Mateo 16:14)

Jesucristo . . . . (Hebreos 13:8)

Jesucristo el Señor . . . . (Romanos 7:25)

Jesucristo hombre. . . . . (1 Timoteo 2:5)

Jesucristo, el hijo de Dios. (Juan 20:31)

Jesucristo venido en la carne . . . . (1 Juan 4:2)

Jesús. . . . . (Mateo 1:21)

Jesús de Galilea . . . . (Mateo 26:69)

Jesús de Nazaret. . . . . (Juan 1:45)

Jesús de Nazaret, el rey de los judíos . . . . (Juan 19:19)

Juan el bautista . . . . (Mateo 16:14)

Justificación . . . . (1 Corintios 1:30)

Justo. . . . .(Deuteronomio 32:4)

L-103

La boca de Dios. . . . . (Mateo 4:4)

La bondad y amor de Dios . . . . (Tito 3:4)

La cabeza de todo hombre. . . . . (1 Corintios 11:3)

La cabeza del cuerpo, la iglesia . . . . (Colosenses 1:18)

La cabeza sobre todo poder y autoridad. . . . .(Colosenses 2:10)

La consolación de Israel. . . . . (Lucas 2:25)

La corona de gloria . . . .(Isaías 28:5)

La dádiva. . . . . (Romanos 5:15)

La esperanza de gloria . . . .(Colosenses 1:27)

La esperanza de Israel . . . . (Hechos 28:20)

La esperanza de Su pueblo. (Joel 3:16)

La esperanza de sus padres. . . . . (Jeremías 50:7)

La estrella de Jacob . . . . (Números 24:17)

La estrella de la mañana . . . . (Apocalipsis 2:28)

La estrella resplandeciente de la mañana . . . . (Apocalipsis 22:16)

La fiesta . . . . (1 Corintios 5:8)

La fortaleza al menesteroso en su aflicción . . . .(Isaías 25:4)

La fortaleza al pobre . . . .(Isaías 25:4)

La fortaleza de mi vida . . . . (Salmo 27:1)

La gallina. . . . . (Mateo 23:37)

La gloria como del unigénito del padre . . . . (Juan 1:14)

La gloria de Dios . . . .(Romanos 3:23)

La gloria de Israel. . . . . (1 Samuel 15:29)

La gloria de su padre . . . . (Mateo 16:27; Marcos 8:38)

La gran luz. . . . . (Isaías 9:2)

La hendidura de la peña. . . . . (Éxodo 33:22)

La hermosura de la santidad . . . . (Salmo 110:3)

La hierba . . . .(2 Samuel 23:4)

La iluminación del conocimiento de
la gloria de Dios . . . . (2 Corintios 4:6)

La imagen del Dios invisible . . . .(Colosenses 1:15)

La imagen misma de su sustancia . . . .(Hebreos 1:3)

La justicia de Dios . . . .(Romanos 10:3)

La liberación de Sión . . . . (Joel 2:32)

La luz. . . . . (Juan 1:7)

La luz de la mañana. . . . .(2 Samuel 23:4)

La luz de la verdad. . . . . (Salmo 43:3)

La luz de los hombres . . . . (Juan 1:4)

La luz del evangelio de la gloria de Cristo . . . . (2 Corintios 4:4)

La luz del mundo. . . . . (Juan 8:12)

La luz perpetua . . . . (Isaías 60:19,20)

La luz verdadera. . . . . (Juan 1:9)

La morada de justicia. . . . . (Jeremías 50:7)

La ofrenda de paz . . . .(Levítico 3:1)

La piedra angular. . . . . (1 Pedro 2:7)

La piedra de Israel . . . . (Génesis 49:24)

La piedra de jaspe . . . . (Apocalipsis 4:3)

La piedra que desecharon
los edificadores . . . . (Salmo 118:22, Mateo 21:42)

La piedra reprobada por los edificadores . . . . (Hechos 4:11)

La porción de Jacob . . . .(Jeremías 51:19)

La porción de mi herencia . . . . (Salmo 16:5)

La presencia del Señor . . . .(Lucas 1:76)

La propiciación . . . . (Hebreos 9:5, 1 Juan 2:2)

La propiciación de sus pecados . . . .(1 Juan 2:2)

La puerta de las ovejas . . . . (Juan 10:7)

La raíz de David . . . . (Apocalipsis 5:5)

La raíz de Isaí . . . . (Romanos 15:12; Isaías 11:10)

La raíz y el linaje de David . . . . (Apocalipsis 22:16)

La redención de su alma . . . . (Salmo 49:8)

La resurrección y la vida . . . . (Juan 11:25)

La revelación de Jesucristo . . . . (Apocalipsis 1:1)

La roca. . . . . (Mateo 16:18)

La roca de Israel. . . . .(2 Samuel 23:3)

La roca de mi fuerza . . . . (Isaías 17:10)

La roca de mi refugio . . . . (Salmo 94:22)

La roca de nuestra salvación. (Salmo 95:1)

La roca de su salvación . . . . (Deuteronomio 32:15)

La roca que es más alta que yo . . . . (Salmo 61:2)

La rosa de Sarón . . . . (Cantares 2:1)

La sabiduría de Dios . . . . (1 Corintios 1:24)

La salvación de Dios . . . .(Lucas 2:30; 3:6)

La salvación de Israel. . . . . (Jeremías 3:23)

La salvación de mi ser . . . . (Salmo 42:11)

La serpiente en el desierto . . . . (Juan 3:14)

La simiente de Abraham . . . . (Gálatas 3:16)

La simiente de David. . . . . (Romanos 1:3; 2 Timoteo 2:8)

La simiente de la mujer . . . . (Génesis 3:15)

La sombra del Omnipotente . . . . (Salmo 91:1)

La luz de la ciudad. (Apocalipsis 21:23)

La vara del tronco de Isaí. . . . . (Isaías 11:1)

La verdad. . . . . (Juan 14:6)

La victoria . . . . (1 Corintios 15:54)

La vid. . . . . (Juan 15:5)

La vid verdadera. . . . .(Juan 15:1)

La vida. . . . . (Juan 14:6)

La vida eterna . . . . (1 Juan 1:2)

La voz . . . . (Apocalipsis 1:12)

Las misericordias firmes de David . . . . (Isaías 55:3; Hechos 13:34)

Las primicias . . . . (Romanos 11:16)

Las primicias de los que durmieron. . . . . (1 Corintios 15:20)

Las riquezas de su gloria . . . .(Romanos 9:23)

León de la tribu de Judá . . . . (Apocalipsis 5:5)

Lirio de los valles . . . . (Cantares 2:1)

Lirio entre los espinos . . . . (Cantares 2:2)

Lluvia sobre la hierba cortada . . . . (Salmo 72:6)

Lo alto de la aurora . . . .(Lucas 1:78)

Lo débil de Dios . . . . (1 Corintios 1:25)

Lo destinado antes de la fundación del mundo . . . . (1 Pedro 1:20)

Lo insensato de Dios . . . . (1 Corintios 1:25)

Lucero de la mañana . . . . (2 Pedro 1:19)

Lugar de descanso . . . . (Jeremías 50:6)

Luz para las naciones . . . .(Isaías 49:6)

Luz para revelación de los gentiles . . . . (Lucas 2:32)

M-60

Macho cabrío . . . .(Levítico 16:8; Juan 11:42-52)

Maestro . . . . (Mateo 10:25)

Maestro - *didaskalos* . . . . (Juan 1.1:28)

Maestro - *epistates* . . . .(Lucas 5:5)

Maestro - rabí . . . . (Juan 4:31)

Maestro bueno . . . . (Mateo 19:16)

Malhechor . . . . (Juan 18:30)

Maná . . . . (Éxodo 16:15)

Manantial de aguas vivas . . . .(Jeremías 17:13)

Manso . . . . (Mateo 11:29)

Maravilloso . . . . (Jueces 13:18)

Maravilloso ante nuestros ojos . . . . (Mateo 21:42)

Más amplio y más perfecto tabernáculo . . . . (Hebreos 9:11)

Más excelente nombre . . . .(Hebreos 1:4)

Más fuerte que Él . . . .(Lucas 11:22)

Mayor . . . .(1 Juan 4:4)

Mayor que el templo . . . .(Mateo 12:6)

Mayor que Jonás . . . . (Mateo 12:41)

Mayor que nuestro padre Abraham . . . . (Juan 8:53; 57-58)

Mayor que nuestro padre Jacob . . . . (Juan 4:12)

Mayor que Salomón . . . . (Mateo 12:42)

Mediador de un mejor pacto . . . . (Hebreos 8:6)

Mediador del nuevo pacto . . . . (Hebreos 12:24)

Mediador del nuevo testamento . . . . (Hebreos 9:15)

Médico . . . . (Lucas 4:23)

Melquisedec . . . . (Génesis 14:18)

Mesías . . . . (Daniel 9:26)

Mesías príncipe . . . . (Daniel 9:25)

Mi alto refugio . . . . (Salmo 18:2)

Mi amado . . . . (Salmo 22:20)

Mi apoyo . . . . (Salmo 18:18)

Mi ayudador . . . . (Hebreos 13:6; Salmo 32:7)

Mi canción . . . . (Isaías 12:2)

Mi compañero . . . . (Zacarías 13:7)

Mi defensa . . . . (Salmo 94:22)

Mi escogido . . . . (Isaías 42:1)

Mi escondedero . . . . (Salmo 32:7)

Mi fuerza . . . . (Isaías 12:2)

Mi gloria . . . . (Salmo 3:3)

Mi heredad . . . . (Marcos 12:7)

Mi hijo amado . . . . (Mateo 3:17)

Mi libertador . . . . (Salmo 40:17)

Mi nombre nuevo . . . . (Apocalipsis 3:12)

Mi padre . . . . (Salmo 89:26)

Mi pastor . . . . (Salmo 23:1; Isaías 40:11)

Mi porción . . . . (Salmo 119:57)

Mi redentor . . . . (Job 19:25)

Mi roca fuerte . . . . (Salmo 31:2)

Mi salvación . . . . (Salmo 27:1)

Mi Señor y mi Dios . . . . (Juan 20:28)

Mi siervo . . . . (Isaías 42:2)

Mi siervo el renuevo . . . . (Zacarías 3:8)

Mi siervo justo . . . . (Isaías 53:11)

Mi testigo . . . . (Job 16:19)

Mi torre fuerte . . . . (Proverbios 18:10)

Ministro de pecado . . . . (Gálatas 2:17)

Ministro del santuario . . . . (Hebreos 8:1-3)

Misericordioso y fiel sumo sacerdote . . . .(Hebreos 2:17)

Muro de fuego. . . . . (Zacarías 2:5)

Muy engrandecido. . . . . (Salmo 104:1)

N-14

Nazareno . . . . (Mateo 2:23)

Niño . . . . (Mateo 2:11)

Nombre perpetuo. . . . . (Isaías 63:12)

Nombre sobre todo nombre. . . . . (Filipenses 2:9)

Nuestra esperanza . . . . (1 Timoteo 1:1)

Nuestra pascua. . . . . (1 Corintios 5:7)

Nuestra paz . . . . (Efesios 2:14)

Nuestro anuncio . . . . (Isaías 53:1)

Nuestro escudo . . . . (Salmo 84:9)

Nuestro guía hasta la muerte. . . . . (Salmo 48:14)

Nuestro hacedor. . . . . (Salmo 95:6)

Nuestro hermano. . . . . (Mateo 12:50)

Nuestro refugio . . . .(Salmo 46:1, 90:1)

O-5

Ofrenda de carne. . . . . (Levítico 2:1)

Oh Señor nuestro. . . . . (Salmo 8:1,9)

Olor fragante. . . . .(Efesios 5:2)

Oprobio de los hombres. . . . . (Salmo 22:6)

Otro rey. . . . . (Hechos 17:7)

P-19

Padre de familia. . . . . (Mateo 20:1,11)

Padre eterno. . . . .(Isaías 9:6)

Pájaro solitario sobre el tejado . . . . (Salmo 102:7)

Pastor de Israel. . . . . (Salmo 80:1)

Pecado . . . . (2 Corintios 5:21)

Perito arquitecto. . . . . (1 Corintios 3:10)

Piedra angular preciosa . . . .(Isaías 28:16)

Piedra del ángulo. . . . . (Efesios 2:20; 1 Pedro 2:6)

Pobre . . . . (2 Corintios 8:9)

Poderoso . . . . (Salmo 89:19)

Poderoso salvador . . . . (Lucas 1:69)

Poderoso Señor . . . . (Salmo 89:8)

Precioso . . . . (1 Pedro 2:7)

Preeminente . . . . (Colosenses 1:18)

Príncipe de los pastores . . . . (1 Pedro 5:4)

Príncipe de príncipes . . . . (Daniel 8:25)

Pronto auxilio en las tribulaciones . . . . (Salmo 46:1)

Puro . . . . (1 Juan 3:3)

R-8

Rabí . . . . (Juan 3:2)

Raboni . . . . (Juan 20:16)

Recto . . . . (Salmo 92:15)

Red al morador de Jerusalén . . . . (Isaías 8:14)

Redención . . . . (1 Corintios 1:30; Lucas 21:28)

Refugio fuerte . . . . (Salmo 71:7)

Rey de reyes . . . . (Apocalipsis 19:16)

Rico . . . . (Romanos 10:12)

S-41

Sabiduría . . . . (1 Corintios 1:25)

Sacerdote del Dios altísimo . . . . (Hebreos 7:1)

Sacerdote para siempre . . . . (Salmo 110:4)

Sacrificio mecido . . . . (Levítico 7:30)

Salvador . . . . (Tito 2:13)

Sangre inocente . . . . (Mateo 27:4)

Santo . . . . (Isaías 57:15)

Santo al Señor . . . . (Lucas 2:23)

Secreto . . . . (Jueces 13:18)

Señalado entre diez mil . . . . (Cantar de los Cantares 5:10)

Señor - *despotes* . . . . (2 Pedro 2:1)

Señor - *kurios* . . . . (Juan 13:13)

Señor - *rabboni* . . . . (Marcos 2:28)

Señor de la viña . . . . (Mateo 20:8)

Señor de paz . . . . (2 Tesalonicenses 3:16)

Señor de señores . . . . (1 Timoteo 6:15)

Señor de toda la tierra . . . . (Salmo 97:5)

Señor Dios de Israel. . . . . (Salmo 41:13)

Señor Dios de verdad. . . . . (Salmo 31:5)

Señor Dios Omnipotente. . . . . (Apocalipsis 19:6)

Señor Dios quien la juzga . . . . (Apocalipsis 18:8)

Señor Dios Todopoderoso . . . . (Apocalipsis 16:7)

Señor Jesucristo . . . . (Santiago 2:1)

Señor Jesús. . . . .(Romanos 10:9)

Señor tanto de los muertos como de los vivos . . . .(Romanos 14:9)

Señor y de su Cristo. . . . .(Apocalipsis 11:15)

Shoshannim. . . . . (Salmos 45; 69)

Siervo de la circuncisión. . . . .(Romanos 15:8)

Siervo de los tiranos. . . . .(Isaías 49:7)

Siloé. . . . . (Juan 9:7)

Siloh. . . . . (Génesis 49:10)

Sin mancha . . . . (Hebreos 7:26)

Soberano de los reyes de la tierra. . . . . (Apocalipsis 1:5)

Solo soberano. . . . . (1 Timoteo 6:15)

Su alteza. . . . .(Job 13:11)

Su esposo . . . . (Apocalipsis 21:2)

Su hijo del cielo . . . . (1 Tesalonicenses 1:10)

Su hijo querido . . . .(Colosenses 1:13)

Su hijo unigénito . . . . (Juan 3:16)

Su maestro - *kathegetes* . . . . (Mateo 23:10)

Su misericordia y Su verdad. . . . . (Salmo 57:3)

T-7

Temible . . . . (Salmo 111:9)

Testigo . . . . (Jueces 11:10)

Todo Él amoroso . . . . (Cantares 5:16)

Torre fuerte delante del enemigo . . . . (Salmo 61:3)

Tu guardador. . . . . (Salmo 121:5)

Tu santo. . . . . (Hechos 2:27)

Tu santo hijo Jesús. . . . . (Hechos 4:27)

U-84

Un Altar . . . . (Hebreos 13:10)

Un amigo más unido que un hermano . . . . (Proverbios 18:24)

Un arroyo de agua en tierra de sequedad. . . . . (Isaías 32:2)

Un buen hombre . . . . (Juan 7:12)

Un clavo en lugar firme. . . . . (Isaías 22:23)

Un escudo . . . . (Salmo 18:30)

Un espíritu vivificante . . . . (1 Corintios 15:45)

Un fiel creador. . . . . (1 Pedro 4:19)

Un fiel sumo sacerdote. . . . . (Hebreos 2:17)

Un fiel testigo . . . . (Apocalipsis 1:5)

Un fiel testigo en el cielo . . . . (Salmo 89:37)

Un fiel testigo entre nosotros . . . . (Jeremías 42:5)

Un forastero. . . . . (Mateo 25:35)

Un fortísimo consuelo . . . . (Hebreos 6:18)

Un gobernador. . . . . (Miqueas 5:2)

Un gran profeta . . . . (Lucas 7:16)

Un hijo dado . . . . (Isaías 9:6)

Un hijo hecho perfecto para siempre . . . . (Hebreos 7:28)

Un hijo nacido. . . . . (Isaías 9:6)

Un hijo sobre su casa. . . . . (Hebreos 3:6)

Un hijo varón. . . . . (Apocalipsis 12:5)

Un hombre aprobado por Dios . . . . (Hechos 2:22)

Un hombre comilón. . . . . (Mateo 11:19)

Un hombre justo . . . . (Lucas 23:47)

Un hombre noble. . . . . (Lucas 19:12)

Un hombre perfecto. . . . . (Santiago 3:2)

Un judío . . . . (Juan 4:9)

Un lazo . . . . (Isaías 8:14)

Un líder . . . . (Isaías 55:4)

Un lugar de refugio . . . . (Isaías 4:6)

Un manojito de mirra . . . . (Cantares 1:13)

Un nombre glorioso. . . . . (Isaías 63:14)

Un padre de huérfanos. . . . . (Salmo 68:5)

Un pelícano del desierto . . . . (Salmo 102:6)

Un precio. . . . . (1 Corintios 6:20)

Un príncipe y Salvador . . . . (Hechos 5:31)

Un profeta poderoso en obras y palabra. . . . .(Lucas 24:19)

Un profeta sin honor . . . . (Mateo 13:57)

Un purificador de plata . . . .(Malaquías 3:3)

Un racimo de flores de alheña . . . . (Cantares 1:14)

Un refugio. . . . . (Salmo 61:3)

Un refugio contra el turbión . . . .(Isaías 32:2)

Un refugio contra el viento . . . .(Isaías 32:2)

Un refugio en la tormenta . . . .(Isaías 25:4)

Un refugio para el tiempo de angustia. . . . . (Salmo 9:9)

Un refugio para los oprimidos. (Salmo 9:9)

Un refugio salvador de su ungido . . . . (Salmo 28:8)

Un renuevo . . . .(Isaías 53:2)

Un rescate para muchos. . . . .(Mateo 20:28)

Un rescate para todos. . . . .(1 Timoteo 2:6)

Un sacerdote fiel . . . .(1 Samuel 2:35)

Un sacrificio para Dios . . . .(Efesios 5:2)

Un samaritano. . . . . (Lucas 10:33, Juan 8:48)

Un santuario . . . . (Isaías 8:14)

Un sembrador . . . . (Mateo 13:4,37)

Un sustentador en la vejez . . . . (Rut 4:15)

Un tabernáculo . . . . (Salmo 31:20)

Un tabernáculo para sombra . . . .(Isaías 4:6)

Un testigo a los pueblos. . . . .(Isaías 55:4)

Un trono de gloria, excelso desde el principio . . . .(Jeremías 17:12)

Un tropezadero . . . . (1 Corintios 1:23)

Un ungüento derramado . . . . (Cantares 1:3)

Una bandera para temer. . . . . (Salmo 60:4)

Una calzada . . . .(Isaías 35:8)

Una cubierta de sus alas. . . . . (Salmo 61:4)

Una diadema de belleza. . . . .(Isaías 28:5)

Una escalera. . . . . (Génesis 28:12)

Una fortaleza . . . . (Salmo 32:2)

Una ofrenda y sacrificio para Dios. . . . .(Efesios 5:2)

Una piedra cortada de la montaña. . . . . (Daniel 2:45)

Una piedra cortada no con manos. . . . . (Daniel 2:34)

Una piedra de cornalina. . . . . (Apocalipsis 4:3)

Una piedra de tropiezo. . . . . (Romanos 9:33,1 Pedro 2:8)

Una piedra probada . . . . (Isaías 28:16)

Una planta de renombre . . . . (Ezequiel 34:29)

Una raíz de tierra seca . . . . (Isaías 53:2)

Una saeta bruñida . . . . (Isaías 49:2)

Una señal del Señor . . . . (Isaías 7:1)

Una sombra contra el calor . . . . (Isaías 25:4)

Una sombra del gran peñasco . . . . (Isaías 32:2)

Una vaca alazana sin mancha . . . . (Números 19:2)

Uno de los profetas . . . . (Mateo 16:14)

V-7

Varón a quien designó . . . . (Hechos 17:31)

Varón de dolores . . . . (Isaías 53:3)

Vástago saldrá de sus raíces . . . . (Isaías 11:1)

Venido de Dios como maestro. . . . . (Juan 3:2)

Verbo de vida. . . . . (1 Juan 1:1)

Vestido de boda . . . . (Mateo 22:12)

Vivo por los siglos de los siglos . . . . (Apocalipsis 1:18)

X-2

X como Chi el símbolo tradicional de Cristo . . . .

X como una cantidad desconocida. . . . . (Apocalipsis 19:12)

Y-1

Yo soy . . . . (Juan 18:6)

Z-2

Zafnat-panea . . . . (Génesis 41:45)

Zorobabel. . . . . (Zacarías 4:7,9)

Total de nombres y títulos - 675

MIS PRONOMBRES PREEMINENTES
EN LA ESCRITURA

El que eres, el que eras y serás . . . . (Apocalipsis 16:5)

El que trae buenas nuevas . . . . (Nahum 1:15)

El que nos sacó . . . . (Josué 24:17)

Quien creó . . . . (Apocalipsis 10:6)

El que ha de venir . . . . (Lucas 7:19; Mateo 11:14)

El que ha venir después de mí . . . . (Juan 1:15,27)

El que descendió del cielo . . . . (Juan 6:33)

El que viene en el nombre del Señor . . . . (Mateo 21:9)

El que vino al mundo . . . . (Juan 11:27)

El que se cubre de luz . . . . (Salmo 104:2)

El que corona de favores y misericordia . . . . (Salmo 103:4)

El que estuvo muerto y murió . . . . (Apocalipsis 2:8)

El que habita en Sión . . . . (Salmo 9:11)

El que pelea por nosotros . . . . (Josué 23:10)

Aquel que todo lo llena en todo . . . . (Efesios 1:23)

El que perdona todas nuestras iniquidades . . . . (Salmo 103:3)

El que perdona pecados . . . . (Lucas 7:49)

El que me ciñe de poder . . . . (Salmo 18:32)

El que me aconseja . . . . (Salmo 16:7)

El que tiene esposa . . . . (Juan 3:29)

El que tiene ojos como llama de fuego . . . . (Apocalipsis 2:18)

El que tiene pies como bronce bruñido . . . . (Apocalipsis 2:18)

El que escucha la oración . . . . (Salmo 65:2)

El que sana enfermedades . . . . (Salmo 103:3)

El que es más alto que lo alto . . . . (Eclesiastés 5:8)

El que tiene siete estrellas . . . . (Apocalipsis 2:1)

El que es santo . . . . (Apocalipsis 3:7)

El que guarda a Israel . . . . (Salmo 121:4)

El que tiene la llave de David . . . . (Apocalipsis 3:7)

El que fundó la tierra sobre sus cimientos . . . . (Salmo 104:5)

Quien establece sus aposentos entre las aguas . . . . (Salmo 104:3)

Quien levanta de las puertas de la muerte . . . . (Salmo 9:13)

El que vive . . . . (Apocalipsis 1:18)

El que vive por los siglos de los siglos . . . . (Apocalipsis 10:6)

El que nos ama . . . . (Apocalipsis 1:5)

El que hace a los vientos sus mensajeros . . .(Salmo 104:4; Hebreos 1:7)

El que pone las nubes por su carroza. . . . . (Salmo 104:3)

El que abre. . . . . (Apocalipsis 3:7)

El que tiene poder sobre estas plagas . . . . (Apocalipsis 16:9)

El que rescata del hoyo tu vida . . . . (Salmo 103:4)

El que tiene dominio sobre la braveza del mar. . . . . (Salmo 89:9)

El que santifica . . . . (Hebreos 2:11)

El que sacia de bien tu boca . . . . (Salmo 103:5)

El que salva a los que se refugian a tu diestra . . . . (Salmo 17:7)

El que salva a los rectos de corazón . . . . (Salmo 7:10)

El que escudriña . . . . (Apocalipsis 2:23)

A quien has enviado. . . . . (Juan 17:3)

El que tiene siete espíritus de Dios. . . . . (Apocalipsis 3:1)

El que tiene espada aguda de dos filos . . . . (Apocalipsis 2:12)

El que no cierra . . . . (Apocalipsis 3:7)

El que mora en los cielos . . . . (Salmo 2:4)

El que está sentado sobre el trono . . . . (Apocalipsis 6:16)

Quien extiende los cielos como una cortina. . . . . (Salmo 104:2)

El que da testimonio . . . . (Apocalipsis 22:20)

El que es verdadero . . . . (Apocalipsis 3:7)

El apreciado. . . . . (Mateo 27:9)

El que anda en medio de los siete candeleros de oro . . (Apocalipsis 2:1)

El que anda sobre las alas del viento . . . . (Salmo 104:3)

Total - 58

NOMBRES COMPUESTOS DEL SEÑOR DIOS (JEHOVÁ EL) EN LA ESCRITURA

El Elohim Jehová - El Señor Dios de dioses. . . . . (Josué 22:22)

Jehová Elohim - El Señor Dios. . . . . (Génesis 2:4; 3:9-13,21)

Jehová Elohe 'Abothekem - El Señor Dios de tus padres . . . . (Josué 18:3)

Jehová El Elyon - El Señor, Dios Altísimo . . . . (Génesis 14:22)

Jehová El 'Emeth - El Señor Dios de verdad. . . . . (Salmo 31:5)

Jehová El Gemuwal - El Señor Dios de retribuciones. . (Jeremías 51:56)

Jehová Elohim Teba'oth - El Señor de los ejércitos . . . . (Salmo 59:5)

Jehová Elohe Yeshu athi - El Señor de mi salvación . . . . . . (Salmo 88:1)

Jehová Elohe Yisra'el - El Señor Dios de Israel . . . . (Salmo 41:13)

Total - 9

NOMBRES DE DIOS (ELOHIM) EN LA ESCRITURA

Elohim - Dios. . . . . (Génesis 1:1)

Elohim Bashamayim - Dios en el cielo . . . . (Josué 2:11)

El Bethel - El Dios de la casa de Dios . . . . (Génesis 35:7)

Elohe Chaseddiy - Dios de mi
misericordia . . . . (Salmo 59:10)

El Elohe Yisra'el - Dios, el Dios
de Israel. . . . . (Génesis 33:20; Salmo 68:8)

El Elyon - El Dios Altísimo . . . . (Génesis 14:18)

El Emunah - Un Dios fiel . . . .(Deuteronomio 7:9)

El Gibbor - El Dios poderosos . . . .(Isaías 9:6)

El Hakabodh - El Dios de gloria . . . . (Salmo 29:3)

El Hayyay - Dios de mi vida . . . . (Salmo 42:8)

El He - El Dios viviente. . . . . (Josué 3:10)

El Kana - Un Dios celoso . . . . (Éxodo 20:5)

Elohim Kedoshim - Un Dios santo . . . . (Josué 24:19)

El Kenno' - Un Dios celoso . . . . (Josué 24:19)

Elohe Ma'ozi - Dios de mi fortaleza. . . . . (Salmo 43:2)

Elohim Machaseh Lanu - Dios nuestro refugio . . . . (Salmo 62:8)

Eli Malekhi - Dios mi rey . . . . (Salmo 68:24)

El Marom - Dios Altísimo . . . . (Salmo 57:2)

El Nakomoth - El Dios que venga . . . . (Salmo 18:47)

El Nose' - Dios que perdona. (Salmo 99:8)

Elohenu 'Olam - El Dios eterno. . . . . (Salmo 48:14)

Elohim 'Ozer Li - Dios el que me ayuda . . . . (Salmo 54:4)

El Ra'i - Tú eres Dios que ve. . . . . (Génesis 16:13)

El Sela - Dios, mi roca. . . . . (Salmo 42:9)

El Shaddai - El Dios poderoso. . . . . (Génesis 17:1,2)

Elohim Shephtim Ba arets - Dios que juzga la tierra . . . . (Salmo 58:11)

El Simchath Gili - Dios mi gozo . . . . (Salmo 43:4)

Elohim Tseba'oth - Dios de los ejércitos . . . . (Salmo 80:7)

Elohe Tishu'athi - Dios de mi salvación . . . . (Salmo 18:46, 51:14)

Elohe Tsadeki - Dios de mi justicia . . . . (Salmo 4:1)

Elohe Ya'akob - Dios de Jacob . . . .(Salmo 20:1; 46:7)

Elohe Yisra'el - Dios de Israel . . . . (Salmo 59:5)

Total - 32

NOMBRES DE JEHOVÁ EN LA ESCRITURA

Jehová - *El Señor*. . . . . (Éxodo 6:2,3)

Adonai Jehová - El Señor Dios. . . . . (Génesis 15:2)

Jehová Adon Kal Ha arets - El Señor, el Señor
de toda la tierra . . . . (Josué 3:13)

Jehová Bara - El Señor creador . . . .(Isaías 40:28)

Jehová Chatsahi - El Señor mi fortaleza. . . . . (Salmo 27:1)

Jehová Chereb - El Señor...el escudo . . . .(Deuteronomio 33:29)

Jehová Eli - El Señor mi Dios . . . . (Salmo 18:2)

Jehová Elyon - El Señor Altísimo . . . . (Salmo 38:2)

Jehová 'Ez Lami - El Señor mi fortaleza . . . . (Salmo 28:7)

Jehová Gador Milchaniah - El Señor poderoso
en batalla . . . . (Salmo 24:8)

Jehová Ganan - El Señor nuestra defensa. . . . . (Salmo 89:18)

Jehová Go'el - El Señor tu redentor . . . . (Isaías 49:26; 60:16)

Jehová Hashopet - El Señor el juez . . . . (Jueces 6:27)

Jehová Hoshe'a - El Señor salva . . . . (Salmo 20:9)

Jehová 'Immeku - El Señor está contigo . . . . (Jueces 6:12)

Jehová 'Izoz Hakaboth - El Señor fuerte y poderoso. . . . . . (Salmo 24:8)

Jehová Jireh - El Señor proveerá. . . . . (Génesis 22:14)

Jehová Kabodhi - El Señor mi gloria . . . . (Salmo 3:3)

Jehová Kanna - El Señor cuyo nombre es celoso . . . . (Éxodo 34:14)

Jehová Keren-Yish'i - El Señor la fuerza
de mi salvación. . . . . (Salmo 18:2)

Jehová Machsi - El Señor mi refugio . . . . (Salmo 91:9)

Jehová Magen - El Señor, el escudo . . . .(Deuteronomio 33:29)

Jehová Ma'oz - El Señor...Mi fortaleza. . . . .(Jeremías 16:19)

Hamalech Jehová - El Señor el rey . . . . (Salmo 98:6)

Jehová Melech 'Olam - El Señor rey eterno . . . . (Salmo 10:16)

Jehová Mephald - El Señor mi libertador . . . . (Salmo 18:2)

Jehová M'gaddishcem - El Señor nuestro santificador. . . . (Éxodo 31:13)

Jehová Metsodhathi - El Señor Mi fortaleza . . . . (Salmo 18:2)

Jehová Misqabbi - El Señor mi alto refugio . . . . (Salmo 18:2)

Jehová Naheh - El Señor que castica . . . . (Ezequiel 7:9)

Jehová Nissi - El Señor es mi bandera . . . . (Éxodo 17:15)

Jehová 'Ori - El Señor mi luz. . . . . (Salmo 27:1)

Jehová Rapha - El Señor es el que sana . . . . (Éxodo 15:26)

Jehová Rohi - El Señor es mi pastor . . . . (Salmo 23:1)

Jehová Sabaoth - El Señor de los ejércitos. . . . . (1 Samuel 1:3)

Jehová Sel'i - El Señor mi roca . . . . (Salmo 18:2)

Jehová Shalom - el Señor nuestra paz. . . . . (Jueces 6:24)

Jehová Shammah - El Señor está allí . . . . (Ezequiel 48:35)

Jehová Tiskenu - El Señor es mi justicia. . . . . (Jeremías 23:6)

Jehová Tsori - Oh Señor mi fortaleza. . . . . (Salmo 19:14)

Jehová 'Uzam - El Señor su fortaleza. . . . . (Salmo 37:39)

Jehová Yasha - El Señor tu salvador . . . . (Isaías 49:26; 60:16)

Total - 42

BIBLIOGRAFÍA SELECCIONADA DE MIS NOMBRES

Hahn, Ferdinand. *The Titles of Jesus in Christology: Their History in Early Christianity.*

Tr. Harold Knight and George Ogg. Cleveland, Ohio: The World Publishing Company, 1969.

Hausherr, Irenee. *The Name of Jesus.* Tr. Charles Cummings. Kalamazoo, Michigan: Cistercian Publications Inc., 1978.

Hill, Rowley. *52 Sermon Outlines on the Titles of Our Lord.* Grand Rapids, Michigan: Baker Book House, 1958.

Horton, T. C. and Hurlburt, Charles E. *The Wonderful Names of Our Wonderful Lord.* Los Angeles: Grant Publishing House, 1925.

Keller, W. Phillip. *A Layman Looks at the Lamb of God.* Minneapolis, Minnesota: Bethany House Publishers, 1982.

Krumwiede, Walter. *Names of Jesus: A Practical and Devotional Study of Some of the Names of Jesus.* Philadelphia: The United Lutheran Publication House, 1927.

Large, James. *Two Hundred and Eighty Titles and Symbols of Christ.* Grand Rapids, Michigan: Baker Book House, 1959.

Lee, Robert. *Similies of Our Lord and "His Own" or Bible Word Pictures of our Lord and of the Christian.* London: Pickering & Inglis, n.d.

Lockyer, Herbert. "The Greatest of All Bible Men, Jesus Christ," in *All the Men of the Bible.* Grand Rapids, Michigan: Zondervan Publishing House, 1958.

Rolls, Charles J. *The Indescribable Christ: The Names and Titles of Jesus Christ.* Grand Rapids, Michigan: Zondervan Publishing House, 1953.

Rolls, Charles J. *The World's Greatest Name: The Names and Titles of Jesus Christ.* Grand Rapids, Michigan: Zondervan Publishing House, 1956.

Rolls, Charles J. Time's Noblest Name: *The Names and Titles of Jesus Christ (L Through O).* Grand Rapids, Michigan: Zondervan Publishing House, 1958.

Rolls, Charles J. *The Name Above Every Name: The Names and Titles of Jesus Christ* (P. Q. R. S.). Neptune, New Jersey: Loizeaux Brothers, 1965.

Rolls, Charles J. *His Glorious Names: The Names and Titles of Jesus Christ* (T. U. V. W.). Neptune, New Jersey Loizeaux Brothers, 1975.

Spurgeon, Charles Haddon. *Sermons on Christ's Names and Titles.* Ed. Charles T. Cook. Grand Rapids, Michigan: Zondervan Publishing House, 1961.

Stevenson, Herbert F. *Titles of the Triune God: Studies in Divine Self-Revelation.* Westwood, New Jersey: Fleming H. Revell Company, 1956.

Taylor, Vincent. *The Names of Jesus.* London: Macmillan and Co., Limited, 1953.

Warfield, Benjamin B. *The Lord of Glory: A Study of the Designations of Our Lord in the New Testament with Especial Reference to His Deity.* Grand Rapids, Michigan: Baker Book House, 1976.